高等职业教育财务会计类项目化实训系列教材

U0675032

Project Training Manual of
Cost Accounting
and Management

成本核算与管理
项目化实训
工作手册

蒋亚琴　主编

东北财经大学出版社　大连
Dongbei University of Finance & Economics Press

图书在版编目（CIP）数据

成本核算与管理项目化实训工作手册 / 蒋亚琴主编. —大连：东北财经大学出版社，2023.7（2025.1重印）

（高等职业教育财务会计类项目化实训系列教材）

ISBN 978-7-5654-4870-6

Ⅰ.成…　Ⅱ.蒋…　Ⅲ.①成本计算–高等职业教育–教材 ②成本管理–高等职业教育–教材　Ⅳ.F231.2

中国国家版本馆CIP数据核字（2023）第129039号

东北财经大学出版社出版

（大连市黑石礁尖山街217号　邮政编码　116025）

网　　址：http://www.dufep.cn

读者信箱：dufep@dufe.edu.cn

大连图腾彩色印刷有限公司印刷　东北财经大学出版社发行

幅面尺寸：185mm×260mm　　字数：323千字　　印张：14.25

2023年7月第1版　　　　　　　2025年1月第2次印刷

责任编辑：王天华　周　慧　　　　责任校对：刘贤恩

封面设计：原　皓　　　　　　　　版式设计：原　皓

定价：35.00元

教学支持　售后服务　　联系电话：（0411）84710309

版权所有　侵权必究　　举报电话：（0411）84710523

如有印装质量问题，请联系营销部：（0411）84710711

前　言

　　2018年11月14日，习近平总书记主持召开中央全面深化改革委员会第五次会议，会议审议通过了《国家职业教育改革实施方案》（简称"职教20条"）。"职教20条"指出，"鼓励和支持社会各界特别是企业积极支持职业教育，着力培养高素质劳动者和技术技能人才"，"遴选认定一大批职业教育在线精品课程，建设一大批校企'双元'合作开发的国家规划教材，倡导使用新型活页式、工作手册式教材并配套开发信息化资源"。这个具有纲领性意义的教材建设指导文件，指明了满足服务建设现代化经济体系和实现更高质量更充分就业需要的教材开发与建设方向。2019年12月16日，教育部印发的《职业院校教材管理办法》指出，教材规划要适应新时代技术技能人才培养的新要求，教材编写要突出理论和实践相统一，以适应项目学习、案例学习、模块化学习等不同学习方式要求，注重以真实生产项目、典型工作任务、案例等为载体组织教学单元，倡导开发活页式、工作手册式新形态教材。

　　由此不难看出，充分发挥教材建设在提高人才培养质量中的基础性作用，对促进现代职业教育体系建设，全面提高职业教育教学质量，具有十分重要的意义。在今后一个相当长的时期，积极推进教材建设是党和政府的政策导向，也是社会各界共同关注的热点问题，同时更是职业院校推进"三教改革"的重要内容。

　　在高等职业教育教学过程中，专业与职业岗位（群）形成的映射关系，较为清晰地阐明了人才需求与职业岗位核心技能的关系。伴随着新技术变革、新商业模式变化以及新商业规则形成，职业岗位核心技能逐渐转向智慧型、智能型，而通过师生共同实施一个完整的项目工作的项目化教学，则可以在项目结束后使学生相对完整地掌握本专业的技术技能并形成系统的职业岗位（群）技能体系。因此，项目化教学被逐渐地应用到高等职业教育的技术技能掌握领域，更为重要的是，以项目化方式进行实训教学指导，可以将本专业职业岗位（群）的基础技能和核心技能有效地转化为岗位（群）服务能力。

　　本书是与财务会计类专业人才培养方案中的专业核心课程"成本核算与管理"配套的实训教材。本书由校企双元合作开发与编写，将新技术变化和新商业模式背景下的企业会计岗位核心素能融入其中，以项目制和任务分解方式组织课程内容和教学，为后续专业课程的学习奠定基础，为从事成本核算与管理岗位工作奠定基础。在本书开发过程中，通过梳理专业基础技能、专业核心技能和专业拓展技能，形成成本核算与管理岗位的实践体系。从编写体例看，本书采用项目化表现方式，共设置了要素费用的归集与分配、辅助生产费用的归集与分配、制造费用的归集与分配、废品损失的核算、生产费用在完工产品和在产品之间的分配等5个单项实训和产品成本核算的品种法、一般分批法、简化分批法、逐步分项结转分步法、逐步综合结转分步法、平行结转分步法等6个综合实训，每个项目设定相应实训任务，明确任务实训目标、实训材料、业务案例、实训内容与步骤等，将成本核算与管理岗位的核心技能以单项实训与综合实训方式，通过项目驱动和任务分解给予学生实习实训指导，促使学生通过典型工作任务的实践技能训练，提高从事企业成本核算与管理工作的能力。

本书在编写过程中，主要采取了如下思路：

第一，全面贯彻党的二十大精神和习近平新时代中国特色社会主义思想，落实立德树人根本任务，坚持为党育人、为国育才，注重提高人才自主培养质量，着力造就拔尖创新人才，在"思政引导"板块将培养德智体美劳全面发展的社会主义建设者和接班人与专业知识技能教育内容有机融合。

第二，探究新技术变化和新商业模式变革带来的会计基础岗位核心技能内涵变化。在数字化、智能化等技术基础日渐夯实的条件下，革命性新技术、新模式的群体性突破必将带来会计基础岗位核心技能内涵的变化。会计领域的工作任务和重心正在由财务会计向管理会计转变，会计职能逐渐向"决策型、绩效型、控制型、服务型"拓展，本书正是为适应这种变化而开发的。

第三，依据核心技能变化确定会计基础实训同成本核算与管理理论的契合性。本书是在以"立体化教学"为载体，以"注重实效"为原则的基础上策划的，在编写的体例上采用了项目制、分任务的编排形式，既考虑了教学需要，又与"成本核算与管理"教学的各个阶段相对应；既培养学生扎实的实践基本功，又考虑了考生考证的需求。整个体系结构、内容安排具有较强的合理性和针对性。

第四，确定较高契合性背景下成本核算与管理实训技能训练项目内容。本书运用理实一体化教学模式，将专业理论课与生产实习、实践性教学环节重新分解、整合。以学生为主体，发挥教师主导作用，关注探索学习的过程，融教、学、做为一体，充分培养学生动手实践能力，从而不断提高学生的会计职业技能。

第五，按照实训技能训练项目内容开发以"工作流程"为主线的实训工作手册。本书以会计工作流程为主线，以成本核算与管理的实训项目为主要内容，将成本核算与管理的重难点、易错点穿插其中，系统地介绍了成本核算与管理岗位所需的核心知识和核心技能。

本书的开发与编写以成本核算与管理核心技能培养为宗旨，以成本核算与管理岗位职业操守为道德指引，体现活页式和工作手册式教材特质，体现岗位技能同新技术变化和新商业模式变革的产业适应性，体现按照成本核算与管理岗位工作流程设置任务的逻辑性。

本书由无锡商业职业技术学院蒋亚琴担任主编，并撰写详细的编写提纲，丁一琳、周翠萍、鲁晨、常志坚、周迎红担任副主编。具体编写分工如下：单项实训篇项目一中的任务一及综合实训篇项目五由周翠萍编写，单项实训篇项目一中的任务三、任务四、任务五及综合实训篇项目二由周迎红编写，单项实训篇项目一中的任务二、项目三及综合实训篇项目一由蒋亚琴编写，单项实训篇项目二及综合实训篇项目六由丁一琳编写，单项实训篇项目四及综合实训篇项目四由鲁晨编写，单项实训篇项目五及综合实训篇项目三由常志坚编写。最后，由蒋亚琴统稿、修改和最终定稿。

在本书的编写过程中，得到了厦门网中网软件有限公司的支持、江苏省职教同仁的帮助，以及江苏天圣达集团有限公司、江苏无锡朝阳集团股份有限公司、无锡华洋滚动轴承有限公司等行业专家的指导，在此一并表示感谢！

由于编者学识水平有限，书中不足之处在所难免，敬请读者批评指正。

编 者

2023 年 7 月

目 录

单项实训篇

单项实训篇

项目一

要素费用的归集与分配

思政引导

在三元制造厂最近一次生产调度会上，总经理就公司目前的节能降耗工作明确了两个重点：一是节油，二是节水。这项工作主要从两方面展开：一方面开展节能技术改造，不断提高机组效率，另一方面加强燃料管理和监督，合理降库存，降煤耗，加强水资源的重复利用，严格执行用水管理办法和节水措施，降低水耗，并要求有关部门大胆创新，制定行之有效的办法与措施，迅速开展这两项效益可观的节能工作。由于涉及面广，需要工厂各部门高度重视、认真对待，以有力的组织领导、过硬的管理监督、扎实的工作措施，确保取得实效。同时，工厂要真正把节能降耗任务和责任，细分落实到每个部门、每个人，全面提高节能意识，建立有利于节约能源、降低消耗、提高经济效益的节能工作责任制。

资料来源：佚名. 节能减排案例［EB/OL］.［2002-08-21］. https://www.588k.com/gdwk/1h/835440.html.

问题：如何正确认识企业管理中的节能降耗？

启示：党的二十大报告指出，推动经济社会发展绿色化、低碳化是实现高质量发展的关键环节。要"实施全面节约战略，推进各类资源节约集约利用，加快构建废弃物循环利用体系"；"发展绿色低碳产业，健全资源环境要素市场化配置体系，加快节能降碳先进技术研发和推广应用，倡导绿色消费，推动形成绿色低碳的生产方式和生活方式"。对于企业而言，节能降耗是生存之本，立足之基。一滴水、一度电、一块煤的价值，都是企业效益的根本所在。每一位职工都应树立节能意识，自觉地投入到节能降耗活动中去，坚持不懈地做好节约能源的工作，以最好的管理，实现节能效益的最大化。

任务一　材料费用的归集与分配

一、操作流程

材料费用归集分配操作流程如图1-1所示。

图1-1　材料费用归集分配操作流程

二、实训资料

大华纺织有限公司设有一个基本生产车间以及供水、供电两个辅助生产车间。基本生产车间生产麻纱、棉纱两种产品。

2022年3月，该公司麻纱实际产量600吨，棉纱实际产量500吨。月末，财会部门根据领料单等原始凭证编制的发料凭证汇总表见表1-1。

表1-1　　　　　　　　　　　发料凭证汇总表

2022年3月31日　　　　　　　　　　　　　　　金额单位：元

领料部门	用途	材料品种	数量（吨）	单价	金额
基本生产车间	生产麻纱	A材料	8	30 000	240 000
	生产棉纱	B材料	10	3 000	30 000
	生产麻纱及棉纱	C材料	10	2 000	20 000
	一般耗用	D材料	20	600	12 000
供水车间	一般耗用	D材料	10	600	6 000
供电车间	一般耗用	D材料	30	600	18 000
管理部门	一般耗用	E材料	5	1 000	5 000
合　计					331 000

两种产品材料消耗定额及各材料单价见表1-2。

表1-2　　　　　　　　单位产品材料消耗定额及材料单价　　　　　　　　金额单位：元

材料名称	计量单位	单位产品定额耗用量		单价
		麻纱	棉纱	
A材料	吨	20		3.75
B材料	吨		8	0.30
C材料	吨	10	8	0.20
D材料	吨			0.03
E材料	吨			0.20

三、实训要求

1. 分别采用定额耗用量比例分配法和定额费用比例分配法编制材料费用分配表（分配率及金额保留2位小数）。

2. 根据材料费用分配表，编制记账凭证。

四、实训步骤

（一）定额耗用量比例分配法

第一步，编制材料费用分配表。

在 Excel 工作表中设计"材料费用分配表"计算模板，根据发料凭证汇总表确定并录入应借科目、直接计入费用、分配计入费用等有关数据，根据定额耗用量比例分配法原理定义计算公式。公式定义完毕后，自动显示结果（见表1-3）。

表1-3　　　　　　　　　材料费用分配表（定额耗用量比例分配法）

2022年3月31日　　　　　　　　　　　　　金额单位：元

应借科目			直接计入费用	分配计入费用			合计
总账科目	明细科目	成本或费用项目		定额耗用量	分配率	分配金额	
基本生产成本	麻纱	直接材料	240 000.00	6 000		12 000.00	252 000.00
	棉纱	直接材料	30 000.00	4 000		8 000.00	38 000.00
	小计		270 000.00	10 000	2.00	20 000.00	290 000.00
辅助生产成本	供水车间	材料费	6 000.00				6 000.00
	供电车间	材料费	18 000.00				18 000.00
	小计		24 000.00				24 000.00
制造费用	基本生产车间	机物料消耗	12 000.00				12 000.00
管理费用		材料费	5 000.00				5 000.00
合计			311 000.00			20 000.00	331 000.00

主要单元格计算公式说明：

E5=麻纱C材料定额消耗量=600×10=6 000（千克）　　　　E6=棉纱C材料定额消耗量=500×8＝4 000（千克）

F7=G7/E7　　　　G5=E5*F7　　　　G6=E6*F7 或 G6=G7−G5　　　　H5=D5+G5　　　　H6=D6+G6

第二步，编制记账凭证。

根据审核无误的材料费用分配表编制记账凭证（见表1-4）。

（二）定额费用比例分配法

第一步，编制材料费用分配表。

在 Excel 工作表中设计"材料费用分配表"计算模板，根据发料凭证汇总表确定并录入应借科目、直接计入费用、分配计入费用等有关数据，根据定额费用比例分配法原理定义相关单元格计算公式。公式定义完毕后，自动显示结果（见表1-5）。

表1-4

记 账 凭 证

2022 年 3 月 31 日　　　　　　　　　　　记字第 35 号

摘 要	总账科目	明细科目	借方金额 亿	千	百	十	万	千	百	十	元	角	分	贷方金额 亿	千	百	十	万	千	百	十	元	角	分	√
分配材料费用	基本生产成本	麻纱				2	5	2	0	0	0	0	0												
		棉纱					3	8	0	0	0	0	0												
	辅助生产成本	供水车间						6	0	0	0	0	0												
		供电车间					1	8	0	0	0	0	0												
	制造费用	基本生产车间					1	2	0	0	0	0	0												
	管理费用	材料费						5	0	0	0	0	0												
	原材料	A材料															2	4	0	0	0	0	0	0	
		B材料																3	0	0	0	0	0		
		C材料																2	0	0	0	0	0		
		D材料																3	6	0	0	0	0	0	
		E材料																	5	0	0	0	0	0	
合 计			¥	3	3	1	0	0	0	0	0			¥	3	3	1	0	0	0	0	0			

附件 9 张

会计主管：刘 敏　　记账：王 方　　出纳：　　　　复核：张 倩　　制单：刘 荣

表1-5　　　　　　　　材料费用分配表（定额费用比例分配法）

2022年3月31日　　　　　　　　　　　　　　　金额单位：元

应借科目			直接计入费用	分配计入费用			合计
总账科目	明细科目	成本或费用项目		定额费用	分配率	分配金额	
基本生产成本	麻纱	直接材料	240 000.00	1 200		12 000.00	252 000.00
	棉纱	直接材料	30 000.00	800		8 000.00	38 000.00
	小计		270 000.00	2 000	10.00	20 000.00	290 000.00
辅助生产成本	供水车间	材料费	6 000.00				6 000.00
	供电车间	材料费	18 000.00				18 000.00
	小计		24 000.00				24 000.00
制造费用	基本生产车间	机物料消耗	12 000.00				12 000.00
管理费用		材料费	5 000.00				5 000.00
合计			311 000.00			20 000.00	331 000.00

主要单元格计算公式说明：
E5（麻纱C材料定额费用）=600×10×0.2=1 200（元）　　　E6（棉纱C材料定额费用）=500×8×0.2=800（元）
F7=G7/E7　　　　G5=E5*F7　　　　G6=E6*F7 或 G6=G7−G5　　　H5=D5+G5　　　H6=D6+G6

第二步，编制记账凭证。

根据审核无误的材料费用分配表编制记账凭证（见表1-6）。

表1-6

记 账 凭 证

2022 年 3 月 31 日　　　　　　　　记字第 35 号

摘　要	科　目		借方金额 亿千百十万千百十元角分	贷方金额 亿千百十万千百十元角分	√
	总账科目	明细科目			
分配材料费用	基本生产成本	麻纱	2 5 2 0 0 0 0 0		
		棉纱	3 8 0 0 0 0 0		
	辅助生产成本	供水车间	6 0 0 0 0 0		
		供电车间	1 8 0 0 0 0		
	制造费用	基本生产车间	1 2 0 0 0 0		
	管理费用	材料费	5 0 0 0 0		
	原材料	A材料		2 4 0 0 0 0 0 0	
		B材料		3 0 0 0 0 0 0	
		C材料		2 0 0 0 0 0 0	
		D材料		3 6 0 0 0 0 0	
		E材料		5 0 0 0 0 0	
合　计			￥3 3 1 0 0 0 0 0	￥3 3 1 0 0 0 0 0	

附件9张

会计主管：刘敏　记账：王方　出纳：　　　复核：张倩　制单：刘荣

任务二　职工薪酬费用的归集与分配

一、操作流程

职工薪酬费用归集分配操作流程如图1-2所示。

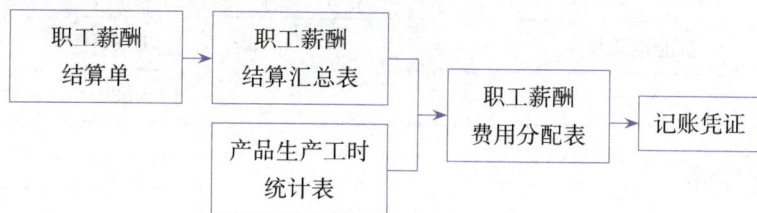

图1-2　职工薪酬费用归集分配操作流程

二、实训资料

隆华食品机械厂下设一个基本生产车间以及供电、机修两个辅助生产车间。基本生产车间主要生产全自动蛋卷机和智能面条机两种产品；辅助生产车间不单独设置"制造费用"账户，发生的辅助生产费用直接通过"辅助生产成本"账户核算。

2022年5月31日，财会部门根据职工薪酬结算单汇总填制的职工薪酬结算汇总表及取得的产品生产工时统计表见表1-7和表1-8。

表1-7   职工薪酬结算汇总表

2022年5月31日   金额单位：元

| 部门人员 | | 职工人数 | 基本工资 | 奖金 | 津贴和补贴 | | 应扣工资 | | 应付职工薪酬 | 代扣款项 | | | | 实发金额 |
部门名称	人员类别				岗津	夜补	病假	事假		医疗保险	住房公积金	其他	小计	
基本生产车间	生产工人	8	28 000	6 000	2 400	1 500	100	100	37 700	2 350	1 250	50	3 650	34 050
	管理人员	4	13 600	2 500	1 300	920	100		18 220	1 360	640		2 000	16 220
	小计	12	41 600	8 500	3 700	2 420	200	100	55 920	3 710	1 890	50	5 650	50 270
供水车间	生产工人	3	10 500	1 530	590	900		80	13 440	915	485	100	1 500	11 940
	管理人员	2	7 180	1 340	600		150		8 970	630	328	40	998	7 972
	小计	5	17 680	2 870	1 190	900	150	80	22 410	1 545	813	140	2 498	19 912
供电车间	生产工人	3	12 050	1 460	596	1 200	100		15 206	930	504	100	1 534	13 672
	管理人员	2	7 320	1 350	538	620	100	100	9 628	647	380	100	1 127	8 501
	小计	5	19 370	2 810	1 134	1 820	200	100	24 834	1 577	884	200	2 661	22 173
管理部门		4	14 400	2 580	1 600	800	200		19 180	1 580	780	100	2 460	16 720
合计		26	93 050	16 760	7 624	5 940	750	280	122 344	8 412	4 367	490	13 269	109 075

表1-8   产品生产工时统计表

2022年5月31日   单位：工时

产品名称	生产工时
全自动蛋卷机	3 200
智能面条机	1 800
合 计	5 000

三、实训要求

1.根据职工薪酬结算汇总表及产品生产工时统计表编制职工薪酬费用分配表（分配率及金额保留2位小数）。

2.根据职工薪酬费用分配表编制记账凭证。

四、实训步骤

第一步，编制职工薪酬费用分配表。

在Excel工作表中设计"职工薪酬费用分配表"计算模板，根据职工薪酬结算汇总表确定并录入应借科目、直接计入费用、分配计入费用及生产工时等有关数据，定义计算公式。公式定义完毕后，自动显示结果（见表1-9）。

表1-9　　　　　　　　　　　职工薪酬费用分配表

2022年5月31日

金额单位：元

应借科目			直接计入费用	分配计入费用			合计
总账科目	明细科目	成本或费用项目		生产工时	分配率	分配金额	
基本生产成本	全自动蛋卷机	直接人工		3 200		24 128	24 128
	智能面条机	直接人工		1 800		13 572	13 572
	小计			5 000	7.54	37 700	37 700
制造费用	基本生产车间	职工薪酬	18 220				18 220
辅助生产成本	供水车间	职工薪酬	22 410				22 410
	供电车间	职工薪酬	24 834				24 834
	小计		47 244				47 244
管理费用		职工薪酬	19 180				19 180
合计			84 644			37 700	122 344

主要单元格计算公式说明：

F7=G7/E7　　　G5=E5*F7　　　G6=E6*F7 或 G6=G7-G5

第二步，编制记账凭证。

根据审核无误的职工薪酬费用分配表编制记账凭证（见表1-10）。

表1-10　　　　　　　　　　　记　账　凭　证

2022年5月31日

记字第_36_号

摘要	科目		借方金额										贷方金额										√
	总账科目	明细科目	亿	千	百	十	万	千	百	十	元	角	分	亿	千	百	十	万	千	百	十	元	角	分	
分配职工薪酬费用	基本生产成本	全自动蛋卷机				2	4	2	1	8	0	0												
		智能面条机				1	3	5	7	2	0	0												
	辅助生产成本	供电车间				2	4	8	3	4	0	0												附件3张
		供水车间				2	2	4	1	0	0	0												
	制造费用	基本生产车间				1	8	2	2	0	0	0												
	管理费用					1	9	1	8	0	0	0												
	应付职工薪酬	工资														1	2	2	3	4	4	0	0	
合计			￥	1	2	2	3	4	4	0	0		￥	1	2	2	3	4	4	0	0	

会计主管：王　敏　　记账：王　力　　出纳：　　　　　　复核：宋小倩　　制单：夏　华

任务三　外购动力费用的归集与分配

一、操作流程

外购动力费用归集与分配的操作流程如图1-3所示。

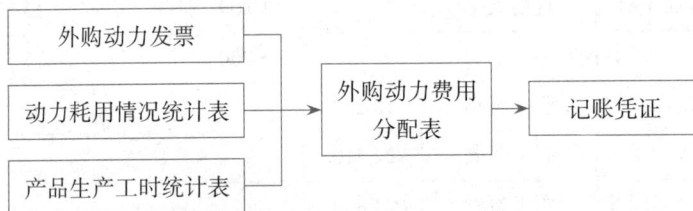

图1-3　外购动力费用归集分配操作流程

二、实训资料

无锡美丽服装厂设有两个生产车间：基本生产车间及机修辅助生产车间。基本生产车间主要生产衬衣和半身裙两种产品。

2022年6月，财会部门从相关单位取得的电费发票如图1-4所示、整理的各部门耗电情况统计表见表1-11及产品生产工时统计表见表1-12。

图1-4　电费发票

表1-11　　　　　　　　　　　　各部门耗电情况统计表

2022年6月30日

单位：度

车间部门	生产车间		机修车间	行政管理部门	合　计
	产品生产	车间照明			
耗电量	12 500	3 000	2 000	2 500	20 000

表1-12　　　　　　　　　　　　产品生产工时统计表

2022年6月30日

单位：工时

产品名称	生产工时
衬衣	5 000
半身裙	20 000
合　计	25 000

三、实训要求

1.根据外购电力发票、部门耗电情况统计表等原始凭证，编制外购动力费用分配表（分配率及金额保留2位小数）。

2.根据外购动力费用分配表编制记账凭证。

四、实训步骤

第一步，编制外购动力费用分配表。

在Excel工作表中设计"外购动力费用分配表"计算模板，根据发票、耗电情况统计表、生产工时统计表等原始凭证确定并录入应借科目、各受益单位耗电度数、电费单价、各产品生产工时等数据，定义相关单元格的计算公式。公式定义完毕后，自动显示结果（见表1-13）。

表1-13　　　　　　　　　　　　外购动力费用分配表

2022年6月30日

金额单位：元

借方科目		耗电量（度）	单价	电费金额	产品分配		
					生产工时	分配率	分配金额
基本生产成本	衬衣				5 000		4 650
	半身裙				20 000		18 600
	小计	12 500	1.86	23 250	25 000	0.93	23 250
制造费用		3 000	1.86	5 580			
辅助生产成本		2 000	1.86	3 720			
管理费用		2 500	1.86	4 650			
合　计		20 000	1.86	37 200			
主要单元格计算公式说明： G7=E7/F7　　　　H5=F5*G7　　　　H6=F6*G7 或 H6=E7-H5							

第二步，编制记账凭证。

根据审核无误的外购动力费用分配表编制记账凭证（见表1-14）。

表1-14

记 账 凭 证

2022 年 6 月 30 日　　　　　　　　　记字第 _69_ 号

摘　要	科　目		借方金额											贷方金额											√
	总账科目	明细科目	亿	千	百	十	万	千	百	十	元	角	分	亿	千	百	十	万	千	百	十	元	角	分	
分配燃料及动力费用	基本生产成本	衬衣（燃料及动力）					4	6	5	0	0	0														
		半身裙（燃料及动力）					1	8	6	0	0	0														
	制造费用	燃料及动力						5	5	8	0	0														
	辅助生产成本	燃料及动力						3	7	2	0	0														
	管理费用	燃料及动力						4	6	5	0	0														
	应付账款	无锡电力公司															3	7	2	0	0	0	0		
合　计				¥	3	7	2	0	0	0	0				¥	3	7	2	0	0	0	0			附件2张

会计主管：李丽　记账：王丽娜　出纳：　　　复核：张斐　制单：王强

任务四　折旧费用的核算

一、操作流程

折旧费用归集分配的操作流程如图1-5所示。

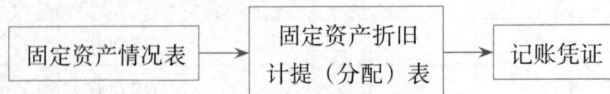

固定资产情况表 → 固定资产折旧计提（分配）表 → 记账凭证

图1-5　折旧费用核算操作流程

二、实训资料

康乐床上用品有限公司主要生产全棉材质的床单、被套、枕套等产品。其生产车间包括裁剪、缝制及整理三个基本生产车间及机修辅助生产车间。该公司房屋及建筑物预计使用20年，预计净残值率4%；机器设备预计使用10年，预计净残值率4%。

2022年6月30日，财会部门根据各固定资产使用部门提供的资料汇总填制的固定资产情况表见表1-15。

表1-15 固定资产情况表

2022年6月30日 单位：元

车间部门		固定资产原值	
		房屋及建筑物	机器设备
基本生产车间	裁剪车间	675 000	300 000
	缝制车间	1 500 000	2 000 000
	整理车间	900 000	400 000
	小 计	3 075 000	2 700 000
机修车间		450 000	200 000
行政管理部门		450 000	200 000
合 计		3 975 000	3 100 000

三、实训要求

1.根据固定资产情况表，编制固定资产折旧计提表。

2.根据固定资产折旧计提表编制记账凭证。

四、实训步骤

第一步，填制固定资产折旧计提表，计算本月固定资产折旧额。

房屋及建筑物月折旧率=（1-4%）÷（20×12）=0.4%

机器设备月折旧率=（1-4%）÷（10×12）=0.8%

月折旧额=固定资产原值×月折旧率

根据上述计算公式填制固定资产折旧计提表，见表1-16。

表1-16 固定资产折旧计提表

2022年6月30日 单位：元

借方科目		房屋及建筑物（0.4%）		机器设备（0.8%）		合 计
		固定资产原值	月折旧额	固定资产原值	月折旧额	
制造费用	裁剪车间	675 000	2 700	300 000	2 400	5 100
	缝制车间	1 500 000	6 000	2 000 000	16 000	22 000
	整理车间	900 000	3 600	400 000	3 200	6 800
	小 计	3 075 000	12 300	2 700 000	21 600	33 900
辅助生产成本	机修车间	450 000	1 800	200 000	1 600	3 400
管理费用		450 000	1 800	200 000	1 600	3 400
合 计		3 975 000	15 900	3 100 000	24 800	40 700

第二步，编制记账凭证。

根据审核无误的固定资产折旧计提表编制记账凭证（见表1-17）。

表1-17

记 账 凭 证

2022 年 6 月 30 日　　　　　　　　　　　　　记字第 70 号

摘　要	科　目		借方金额										贷方金额										√
	总账科目	明细科目	亿	千	百	十	万	千	百	十	元	角	分	亿	千	百	十	万	千	百	十	元	角	分
分配折旧费用	制造费用	折旧费用				3	3	9	0	0	0	0												
	辅助生产成本	折旧费用					3	4	0	0	0	0												
	管理费用	折旧费用					3	4	0	0	0	0												
	累计折旧	房屋及建筑物															1	5	9	0	0	0	0	
		机器设备															2	4	8	0	0	0	0	
合　计					￥	4	0	7	0	0	0	0			￥	4	0	7	0	0	0	0	

附件2张

会计主管：黎小美　　记账：宋娟　　出纳：　　　　　复核：王春艳　　制单：谢丽娜

任务五　其他费用的归集与分配

一、操作流程

其他费用归集分配的操作流程如图1-6所示。

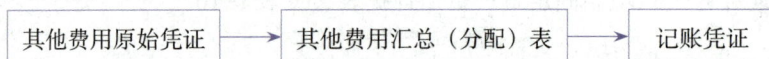

```
其他费用原始凭证 ──→ 其他费用汇总（分配）表 ──→ 记账凭证
```

图1-6　其他费用归集分配操作流程

二、实训资料

长发公司是一家家具制造企业。2022年6月30日财会部门根据取得的其他费用原始凭证编制的其他费用汇总表见表1-18。

表1-18

其他费用表汇总表

2022年6月30日　　　　　　　　　　　　　　　　单位：元

车间部门	办公费	水费	差旅费	财产保险费	其他	合计
生产车间	2 400	2 400		8 000	3 200	16 000
供气车间	800	8 000		3 000	200	12 000
行政管理部门	800	600	4 000	1 400	200	7 000
合计	4 000	11 000	4 000	12 400	3 600	35 000

三、实训要求

根据其他费用汇总表编制记账凭证。

四、实训步骤

根据审核无误的其他费用汇总表编制记账凭证（见表1-19）。

表1-19

记 账 凭 证

2022 年 6 月 30 日　　　　　　　　　　记字第 _71_ 号

摘　要	科　目		借方金额										贷方金额										√
	总账科目	明细科目	亿	千	百	十	万	千	百	十	元	角	分	亿	千	百	十	万	千	百	十	元	角	分	
分配其他费用	制造费用	其他费用					1	6	0	0	0	0	0												
	辅助生产成本	其他费用					1	2	0	0	0	0	0												
	管理费用	其他费用						7	0	0	0	0	0												
	库存现金																	3	5	0	0	0	0	0	
合　计					¥	3	5	0	0	0	0	0				¥	3	5	0	0	0	0	0	

会计主管：燕双飞　　记账：唐娜　　出纳：　　　　　复核：方艳　　制单：王来福

（附件2张）

项目二

辅助生产费用的归集与分配

思政引导

产业革命决定一个国家的财富与竞争力，决定一个国家的经济发展未来。制造业在经济增长中有着不可或缺的作用，是国民经济发展的强有力支撑。"再工业化"是为了向新的产业革命迈进，是我国经济发展的必经选择。发达国家的"再工业化"战略必然影响到全球产业尤其是制造业活动的空间分布，以及各国经济结构调整。虽然我国制造业市场巨大、产品需求增长迅速，但是产业结构不够优化、生产效率以及产品附加值低、资源能源利用率低、对环境破坏程度大、创新能力不足、欠缺强劲竞争力品牌以及质量控制不足等问题长期存在。为了实现从"制造大国"到"制造强国"的转变，国务院于2015年颁布了《中国制造2025》，旨在升级现有产业结构，优化原有制造业质量与水平，在巩固我国制造业大国地位的基础上向制造业强国迈进，以应对国际激烈的经济与综合国力的竞争。

张珊2021年9月应聘到一家纺织厂做成本会计助理。财务部门资深成本会计李会计向小张介绍了企业的基本情况。该纺织厂共有一个纺纱车间，一个织布车间。纺纱车间纺的纱供织布车间使用，各工序生产的半成品直接供下一工序使用，不经过半成品库。该厂现行的成本计算模式是，纺纱车间、织布车间采用品种法计算成本；为了加强企业的成本管理，财务部门对各车间生产的半成品均要进行考核。由于生产规模扩大，纺织厂准备新设一个修理车间，为纺纱车间、织布车间提供辅助修理服务。李会计问张珊，我厂新设的辅助生产车间成本应该选择哪种分配方法比较合理？张珊回答说，辅助生产车间的生产费用计入损益比较简单，不用计算分配。

资料来源：佚名. 国家开放大学《会计制度设计》最新试题［EB/OL］.［2023-04-21］. https：// www.examk.com/c/Uleb81.

问题：你同意张珊的说法吗？请说明理由。

启示：不同意。企业成本核算不能图省事，成本核算直接影响企业的成本预测、计划、分析、考核和改进等控制工作，同时也对企业的成本决策和经营决策产生重大影响。辅助生产车间的生产费用应该按照受益对象的具体情况，采用合适的分配方法在受益对象之间分配。新设的辅助生产车间为纺纱、织布车间提供修理服务，发生的费用成本应该按合适的分配标准在受益对象之间进行分配。

任务一 辅助生产费用的直接分配法

一、操作流程

辅助生产费用采用直接分配法分配的操作流程如图2-1所示。

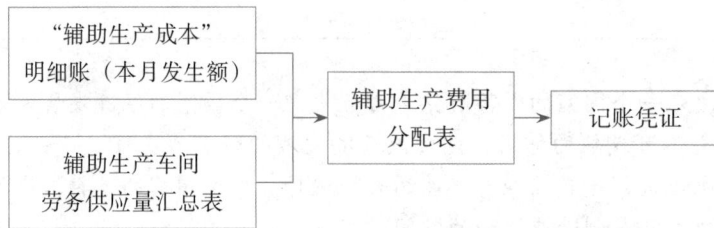

图2-1 辅助生产费用归集与分配操作流程（直接分配法）

二、实训资料

振华棉纱厂设有一个基本生产车间以及供水、供电两个辅助生产车间。基本生产车间生产棉纱一种产品；"制造费用"账户下设置"基本生产车间"明细账户，辅助生产车间的制造费用直接记入"辅助生产成本"账户，不通过"制造费用"账户核算。

2022年3月31日，财会部门根据"辅助生产成本"明细账结计的本月辅助生产费用发生额见表2-1；根据辅助生产单位提供的相关资料汇总的辅助生产车间劳务供应量情况见表2-2。

表2-1　　　　　　　　　　　辅助生产车间待分配费用统计表
　　　　　　　　　　　　　　2022年3月31日　　　　　　　　　　　　　　单位：元

辅助生产单位	待分配费用
供电车间	29 120
供水车间	26 880
合　计	56 000

表2-2　　　　　　　　　　　辅助生产车间劳务供应量统计表
　　　　　　　　　　　　　　2022年3月31日

受益单位及用途	供电数量（度）	供水数量（吨）
辅助生产车间：		
供水车间耗用	8 000	
供电车间耗用		2 400
基本生产车间：		
产品生产耗用	60 000	
车间一般耗用	6 000	30 000
管理部门：一般耗用	14 000	10 000
合　计	88 000	42 400

三、实训要求

1.根据辅助生产车间待分配费用统计表及辅助生产车间劳务供应量统计表，采用直接分配法编制辅助生产费用分配表（分配率保留4位小数、金额保留2位小数）。

2.根据辅助生产费用分配表编制记账凭证。

四、实训步骤

第一步，编制辅助生产费用分配表。

在Excel工作表中设计"辅助生产费用分配表"计算模板，根据表2-1、表2-2分别录入各辅助生产车间待分配费用、劳务供应总量、各受益单位劳务耗用量等数据；根据直接分配法的计算原理定义费用分配率及各受益单位费用分配金额等相关单元格的计算公式。公式定义完毕后，自动显示计算结果（见表2-3）。

表2-3　　　　　　　　　辅助生产费用分配表（直接分配法）

2022年3月31日　　　　　　　　　　　　　　金额单位：元

项　　目			供电车间	供水车间	合计
待分配费用			29 120	26 880	56 000
劳务供应总量			88 000	42 400	
辅助生产车间受益劳务量	供水车间		8 000		
	供电车间			2 400	
辅助生产车间以外单位受益劳务量			80 000	40 000	
费用分配率（单位成本）			0.3640	0.6720	
基本生产车间耗用	产品生产耗用	耗用数量	60 000		
		分配金额	21 840		21 840
	车间一般耗用	耗用数量	6 000	30 000	
		分配金额	2 184	20 160	22 344
管理部门耗用		耗用数量	14 000	10 000	
		分配金额	5 096	6 720	11 816
合　　计			29 120	26 880	56 000

主要单元格计算公式说明：

D8=D5-D6　　　　D9=D4/D8　　　　D11=D10*D9　　　D13=D12*D9

D15=D14*D9　　　D16=D11+D13+D15　　E8=E5-E7　　　E9=E4/E8

E13=E12*E9　　　E15=E14*E9　　　E16=E13+E15　　F4=D4+E4

F11=D11+E11　　F13=D13+E13　　　F15=D15+E15　　F16=D16+E16

第二步，编制记账凭证。

根据审核无误的辅助生产费用分配表编制记账凭证（见表2-4）。

表2-4

记 账 凭 证

2022 年 3 月 31 日 　　　　　　　　　　　　记字第 88 号

摘　要	科　目		借方金额										贷方金额										√
	总账科目	明细科目	亿	千	百	十	万	千	百	十	元	角	分	亿	千	百	十	万	千	百	十	元	角	分	
分配辅助生产费用	基本生产成本	棉纱				2	1	8	4	0	0	0													
	制造费用	水电费				2	2	3	4	4	0	0													
	管理费用	水电费				1	1	8	1	6	0	0													
	辅助生产成本	供电车间														2	9	1	2	0	0	0			附件2张
		供水车间														2	6	8	8	0	0	0			
合　计					¥	5	6	0	0	0	0	0			¥	5	6	0	0	0	0	0			

会计主管：祖　玲　　记账：代　齐　　出纳：　　　　　　复核：王美光　　制单：代　齐

任务二　辅助生产费用的一次交互分配法

一、操作流程

辅助生产费用采用一次交互分配法分配的操作流程如图2-2所示。

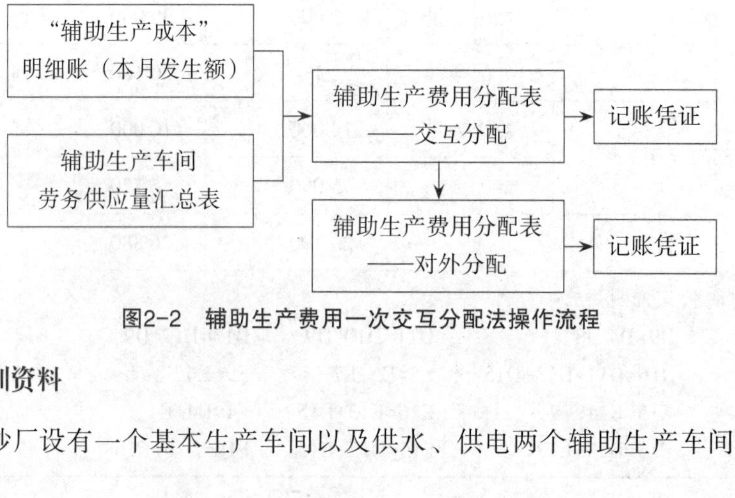

图2-2　辅助生产费用一次交互分配法操作流程

二、实训资料

振华棉纱厂设有一个基本生产车间以及供水、供电两个辅助生产车间。基本生产车间生产棉纱一种产品；"制造费用"账户下设置"基本生产车间"明细账户，辅助生产车间的制造费用直接记入"辅助生产成本"账户，不通过"制造费用"账户核算。

2022年3月31日，财会部门根据"辅助生产费用"明细账结计的本月辅助生产费用发生额见表2-5，根据辅助生产单位提供的相关资料汇总的辅助生产车间劳务供应量情况见表2-6。

表2-5 辅助生产车间待分配费用统计表

2022年3月31日

单位：元

辅助生产单位	待分配费用
供电车间	29 120
供水车间	26 880
合 计	56 000

表2-6 辅助生产车间劳务供应量统计表

2022年3月31日

受益单位及用途	供电数量（度）	供水数量（吨）
辅助生产车间：		
供水车间耗用	8 000	
供电车间耗用		2 400
基本生产车间：		
产品生产耗用	60 000	
车间一般耗用	6 000	30 000
管理部门：一般耗用	14 000	10 000
合 计	88 000	42 400

三、实训要求

1.根据辅助生产车间待分配费用统计表及辅助生产车间劳务供应量统计表，采用一次交互分配法编制辅助生产费用分配表（分配率保留4位小数、金额保留2位小数）。

2.根据辅助生产费用分配表编制记账凭证。

四、实训步骤

第一步，编制辅助生产费用分配表。

在Excel工作表中设计"辅助生产费用分配表"计算模板，根据表2-5、表2-6分别录入各辅助生产车间待分配费用、劳务供应总量、各受益单位劳务耗用量等数据；根据一次交互分配法的计算原理定义交互分配率、对外分配率及各受益单位费用分配金额等相关单元格的计算公式。公式定义完毕后，自动显示计算结果（见表2-7）。

表2-7　　　　　　　　　　　辅助生产费用分配表（一次交互分配法）

2022年3月31日　　　　　　　　　　　　　　　　金额单位：元

项　目		交互分配		对外分配		合计
辅助生产车间名称		供电车间	供水车间	供电车间	供水车间	
待分配生产费用		29 120	26 880	27 994.24	28 005.76	56 000
劳务供应量		88 000	42 400	80 000	40 000	
费用分配率（单位成本）		0.3309	0.6340	0.3499	0.7001	
辅助生产车间	供电车间　耗用数量		2 400			
	供电车间　分配金额		1 521.51			
	供水车间　耗用数量	8 000				
	供水车间　分配金额	2 647.27				
基本生产车间	产品生产耗用　耗用数量			60 000		
	产品生产耗用　分配金额			20 995.68		20 995.68
	车间一般耗用　耗用数量			6 000	30 000	
	车间一般耗用　分配金额			2 099.57	21 004.32	23 103.89
管理部门	耗用数量			14 000	10 000	
	分配金额			4 898.99	7 001.44	11 900.43
合　计				27 994.24	28 005.76	56 000

公式说明：

D7=D5/D6　　　　　D11=D10*D7　　　E7=E5/E6　　　　　E9=E8*E7　　　　　F5=D5+E9−D11

G5=E5+D11−E9　　　F6=D6−D10　　　G6=E6−E8　　　　　F7=F5/F6　　　　　G7=G5/G6

F13=F12*F7　　　　F15=F14*F7　　　F17=F5−F13−F15　　F18=F13+F15+F17　　G15=G14*G7

G17=G5−G15　　　　G18=G15+G17　　H13=F13+G13　　H15=F15+G15　H17=F17+G17　H18=F18+G18

第二步，编制记账凭证。

根据审核无误的辅助生产费用分配表编制记账凭证（见表2-8和表2-9）。

表2-8

记 账 凭 证

2022 年 3 月 31 日　　　　　　　　　　　　　　　　记字第 27 号

摘 要	总账科目	明细科目	借方金额 亿	千	百	十	万	千	百	十	元	角	分	贷方金额 亿	千	百	十	万	千	百	十	元	角	分	√
辅助生产费用	辅助生产成本	供电车间						1	5	2	1	5	1												
对内交互分配		供水车间						2	6	4	7	2	7												
	辅助生产成本	供水车间																	1	5	2	1	5	1	
		供电车间																	2	6	4	7	2	7	
合　计							¥	4	1	6	8	7	8					¥	4	1	6	8	7	8	

会计主管：祖 玲　　记账：代 齐　　出纳：　　　　　复核：王美光　　制单：代 齐

附件1张

表2-9

记 账 凭 证

2022 年 3 月 31 日　　　　　　　　　　　　　　　　记字第 28 号

摘 要	总账科目	明细科目	借方金额 亿	千	百	十	万	千	百	十	元	角	分	贷方金额 亿	千	百	十	万	千	百	十	元	角	分	√
辅助生产费用	基本生产成本	棉纱					2	0	9	9	5	6	8												
对外分配	制造费用	水电费					2	3	1	0	3	8	9												
	管理费用	水电费					1	1	9	0	0	4	3												
	辅助生产成本	供电车间																2	7	9	9	4	2	4	
		供水车间																2	8	0	0	5	7	6	
合　计						¥	5	6	0	0	0	0	0				¥	5	6	0	0	0	0	0	

会计主管：祖 玲　　记账：代 齐　　出纳：　　　　　复核：王美光　　制单：代 齐

附件1张

项目三

制造费用的归集与分配

思政引导

比亚迪的跨界抗疫

比亚迪是一家生产新能源汽车的公司。2020年初，新冠肺炎疫情突如其来，全国医疗物资告急，口罩成了最紧缺的防护物资之一。1月28日，比亚迪第一时间响应，通过比亚迪慈善基金会捐赠1000万元人民币，用于支持防控新冠肺炎疫情。随后，比亚迪又充分发挥海外分公司驻地优势，协调当地资源，紧急采购100万元医用N95口罩及防护服等疫情防控物资。2月6日，该批医疗物资从比亚迪巴西分公司发往国内。虽然拥有强大的海外网络资源，但要短期内采购到源源不断的口罩依然存在很大难度。2月8日，比亚迪"官宣"援产口罩、消毒凝胶，为抗疫助力。比亚迪在生产口罩上有自己的优势，比如拥有现成的手机组装生产车间，只对净化等级做提升就可直接用作生产口罩的净化室。但它也遇到同样的困难，那就是无法在短时间内采购到口罩机，但比亚迪人并没有被困难吓倒，而是依托勇于创新的研发能力和强大的制造实力，凭着自身精密制造的超强能力与丰富经验，实现了3天出图纸、7天出口罩机（当时口罩机要2个月才能买到）、10天出产品、24天后单日产量达5000万只，成为全球最大量产口罩工厂。完成这次跨界，比亚迪只用了两个月时间。

比亚迪生产的口罩，最早一批捐往了湖北、广东、湖南、陕西的医院、交警等抗疫一线，此外，还跟随政府援助以"健康包"的形式，及时输送到海外50多个国家和地区，提供给当地的华人华侨和留学生。

从捐款捐物到"跨界"生产口罩等防护物资，比亚迪强大的应急能力以及作为"中国制造"的大企业担当得到充分证明。自立自强是比亚迪发展的写照，更是中华民族迅速崛起的根本！

资料来源：佚名. 共同战"疫"！比亚迪跨界造口罩，大企业担当实力"圈粉"[EB/OL]. [2021-09-06]. http://tjqyxh.com/nd.jsp? id=7.王海荣. 比亚迪日产口罩5000万只 预计5月份出口口罩将超过10亿只 [EB/OL]. [2020-05-20]. http://shenzhen.sina.com.cn/news/s/2020-05-20/detail-iircuyvi4010469.shtml.

问题：

1.比亚迪"疯狂的口罩"精神是什么？

2.比亚迪收获了什么？

启示：

1.比亚迪"疯狂的口罩"精神：一是"天下兴亡，匹夫有责"的社会责任感；二是敢打敢拼，迎难而上，把不可能变成可能；三是协同作战，心往一处想，劲往一处使。

2.比亚迪在其中的收获是巨大的。第一，"国家需要什么，我们就生产什么"的报国精神大大提升了比亚迪的公众形象；第二，"口罩全球巨头"的光环让比亚迪的制造研发实力被广为传播，这是重金公关宣传也难以达到的效果；第三，比亚迪凝聚了人心、锻炼了队伍；第四，生产口罩让比亚迪在复工复产中赢得了先机，比亚迪本身也需要大量的口罩，员工的到岗也比其他企业更早更快。

任务一 制造费用的归集

一、操作流程

制造费用归集的操作流程如图3-1所示。

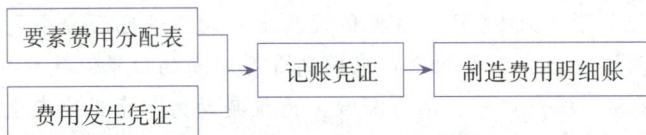

图3-1 制造费用归集操作流程

二、实训资料

万利达有限责任公司是一家生产纺织材料的一般纳税人企业，主要生产聚酯纤维和锦纶纤维。该公司设有一个基本生产车间和一个辅助生产车间（机修车间）。辅助生产车间的制造费用不通过“制造费用”账户核算，直接记入“辅助生产成本”账户。

2022年11月，基本生产车间发生的有关制造费用的经济业务如下：

（1）购置办公用品772.5元。发票及现金支票存根如图3-2和图3-3所示。

江苏增值税普通发票 № 0200386756

发票联

开票日期：2022年11月03日

购买方	名　　称：万利达有限责任公司 纳税人识别号：203108344462003 地 址、电 话：无锡市梁溪区金通大道42号 开户行及账号：建设银行无锡梁溪支行3208661265550840	密码区：略

货物或应税劳务、服务名称	规格型号	单位	数量	单价	金额	税率	税额
*计算机配套产品*墨盒		只	5	124.00	620.00	3%	18.60
*文具*水笔		盒	2	15.00	30.00	3%	0.90
*纸制品*笔记本		本	4	25.00	100.00	3%	3.00
合　计	⊗人民币柒佰柒拾贰元伍角整				（小写）￥772.50		

销售方	名　　称：无锡市文创文化用品公司 纳税人识别号：17162659685368 地 址、电 话：无锡市锡达路103号 开户行及账号：建设银行无锡梁溪支行208893216745066000	备注

收款人：　复核：　开票人：王岚　销售方：（章）

第二联 发票联 购买方记账凭证

图3-2 购置办公用品发票

图3-3　现金支票存根

（2）基本生产车间购置劳保用品1 483.2元。发票及转账支票存根如图3-4和图3-5所示。

图3-4　购置劳保用品发票

图3-5 转账支票存根

（3）开出转账支票支付本月水费共计5 608.60元。增值税专用发票及转账支票存根如图3-6和图3-7所示。水费分配表见表3-1。

江苏增值税专用发票   No 3001894678

发票联

开票日期：2022年11月30日

购买方	名　　称：万利达有限责任公司							
	纳税人识别号：203108344462003					密码区	略	
	地　址、电话：无锡市梁溪区金通大道42号							
	开户行及账号：建设银行无锡梁溪支行3208661265550840							
货物或应税劳务、服务名称	规格型号	单位	数量	单价	金额	税率	税额
*水冰雪*水费		立方米	1 255	4.10	5 145.50	9%	463.10
合　计	⊗人民币伍仟陆佰零捌元陆角整				（小写）￥5 608.60		
销售方	名　　称：无锡市城北自来水公司					备注		
	纳税人识别号：5038900021056							
	地　址、电话：无锡市富国路232号							
	开户行及账号：建设银行无锡梁溪支行783245008902256							

第三联 发票联 购买方记账凭证

收款人：　　　　复核：　　　　开票人：杨大明　　　　销售方：（章）

图3-6 水费增值税专用发票

中国建设银行
转账支票存根

支票号码　Ⅻ2408968

科　　目＿＿＿＿＿＿＿＿＿
对方科目＿＿＿＿＿＿＿＿＿
签发日期　2022 年 11 月 30 日

| 收款人：无锡市城北自来水公司 |
| 金　额：￥5 608.60 |
| 用　途：支付本月水费 |
| 备　注： |

单位主管　　　　会计

图3-7　转账支票存根

表3-1　　　　　　　　　　　水费分配表

2022年11月30　　　　　　　　　　　　　　　　　金额单位：元

耗用部门		用水数量（立方米）	单价	分配金额
生产车间	基本生产车间	825	4.1	3 382.5
	机修车间	280	4.1	1 148.0
行政管理部门		150	4.1	615.0
合 计		1 255	4.1	5 145.5

（4）开出转账支票支付本月电费共计 4 339.20 元。增值税专用发票及转账支票存根如图3-8、图3-9所示。电费分配表见表3-2。

江苏增值税专用发票　　　No 2581894678

发票联　　　　开票日期：2022 年 11 月 30 日

| 购买方 | 名　　　称：万利达有限责任公司 纳税人识别号：203108344462003 地址、电话：无锡市梁溪区金通大道42号 开户行及账号：建设银行无锡梁溪支行3208661265550840 | 密码区 | 略 |

货物或应税劳务、服务名称	规格型号	单位	数量	单价	金额	税率	税额
*供电*电费		度	7 680	0.50	3 840.00	13%	499.20
合 计		⊗人民币肆仟叁佰叁拾玖元贰角整				（小写）￥4 339.20	

| 销售方 | 名　　　称：无锡市星火发电厂 纳税人识别号：6002884321056 地址、电话：无锡市香樟路102号 开户行及账号：建设银行无锡梁溪支行4201008902256 | 备注 | |

收款人：　　　　复核：　　　　开票人：李大霄　　　　销售方：（章）

图3-8　电费增值税专用发票

中国建设银行
转账支票存根

支票号码　Ⅻ2408972

科　　目＿＿＿＿＿＿＿＿＿
对方科目＿＿＿＿＿＿＿＿＿
签发日期　*2022 年 11 月 30 日*

| 收款人：*无锡市星火发电厂* |
| 金　额：*￥ 4 339.20* |
| 用　途：*支付本月电费* |
| 备　注： |

单位主管　　　　会计

图3-9　转账支票存根

表3-2　　　　　　　　　　　　　　电费分配表
2022年11月30日　　　　　　　　　　　　　　　金额单位：元

用电部门		用电数量（度）	单价	分配金额
生产车间	基本生产车间	4 950	0.50	2 475
	机修车间	2 056	0.50	1 028
行政管理部门		674	0.50	337
合　计		7 680	0.50	3 840

（5）计提本月固定资产折旧费。折旧计提表见表3-3。

表3-3　　　　　　　　　　　　固定资产折旧计提表
2022年11月30日　　　　　　　　　　　　　　　金额单位：元

借方科目		固定资产原值	月折旧率	折旧额
制造费用	基本生产车间	800 000	1.2%	9 600
辅助生产成本	机修车间	250 000	0.8%	2 000
管理费用	折旧费	60 000	0.5%	300
合　计		1 110 000		11 900

（6）根据本月职工薪酬费用分配表核算职工薪酬费用。职工薪酬费用分配表见表3-4。

表3-4 职工薪酬费用分配表

2022年11月30日 单位：元

借方科目		基本生产车间	机修车间	管理部门	合计
基本生产成本	聚酯纤维	73 860			73 860
	锦纶纤维	87 380			87 380
	小计	161 240			161 240
制造费用		90 000			90 000
辅助生产成本			75 000		75 000
管理费用				102 300	102 300
合计		251 240	75 000	102 300	428 540

（7）根据本月材料费用分配表核算材料费用。材料费用分配表见表3-5。

表3-5 材料费用分配表

2022年11月30日 金额单位：元

领料用途	无光切粒			油剂			辅料			合计
	数量	单价	金额	数量	单价	金额	数量	单价	金额	
聚酯纤维耗用	115	1 220	140 300	80	1 150	92 000				232 300
锦纶纤维耗用	80	1 220	97 600	30	1 150	34 500				132 100
生产车间一般耗用							18.4	1 000	18 400	18 400
合计	195		237 900	110		126 500	18.4		18 400	382 800

三、实训要求

1.根据上述经济业务编制记账凭证。

2.登记基本生产车间"制造费用"明细账。

四、实训步骤

第一步，根据上述经济业务编制记账凭证（见表3-6至表3-12）。

表3-6 记 账 凭 证

2022 年 11 月 3 日 记字第 52 号

摘 要	科 目		借方金额	贷方金额	√
	总账科目	明细科目	亿千百十万千百十元角分	亿千百十万千百十元角分	
购买办公用品	制造费用	基本生产车间（办公费）	7 7 2 5 0		附件3张
	银行存款			7 7 2 5 0	
合 计			￥7 7 2 5 0	￥7 7 2 5 0	

会计主管：王 丹　　记账：张 楚　　出纳：　　　　　　复核：李 达　　制单：李秀荣

表3-7

记 账 凭 证

2022 年 11 月 8 日

记字第 _57_ 号

摘　要	科　目		借方金额										贷方金额										√
	总账科目	明细科目	亿	千	百	十	万	千	百	十	元	角	分	亿	千	百	十	万	千	百	十	元	角	分	
购买劳保用品	制造费用	基本生产车间（低值易耗品费）					1	4	8	3	2	0												
	银行存款																	1	4	8	3	2	0	
合　计						¥	1	4	8	3	2	0					¥	1	4	8	3	2	0	

附件3张

会计主管：王 丹　　记账：张 楚　　出纳：　　　　　　复核：李 达　　制单：李秀荣

表3-8

记 账 凭 证

2022 年 11 月 30 日

记字第 _68_ 号

摘　要	科　目		借方金额										贷方金额										√
	总账科目	明细科目	亿	千	百	十	万	千	百	十	元	角	分	亿	千	百	十	万	千	百	十	元	角	分	
分配本月水费	制造费用	基本生产车间（水电费）						3	3	8	2	5	0												
	辅助生产成本	辅助生产车间						1	1	4	8	0	0												
	管理费用	水电费							6	1	5	0	0												
	应交税费	应交增值税（进项税额）							4	6	3	1	0												
	银行存款																		5	6	0	8	6	0	
合　计							¥	5	6	0	8	6	0					¥	5	6	0	8	6	0	

附件3张

会计主管：王 丹　　记账：张 楚　　出纳：　　　　　　复核：李 达　　制单：李秀荣

表3-9

记 账 凭 证

2022 年 11 月 30 日

记字第 _70_ 号

摘　要	科　目		借方金额										贷方金额										√
	总账科目	明细科目	亿	千	百	十	万	千	百	十	元	角	分	亿	千	百	十	万	千	百	十	元	角	分	
分配本月电费	制造费用	基本生产车间（水电费）						2	4	7	5	0	0												
	辅助生产成本	辅助生产车间						1	0	2	8	0	0												
	管理费用	水电费							3	3	7	0	0												
	应交税费	应交增值税（进项税额）							4	9	9	2	0												
	银行存款																		4	3	3	9	2	0	
合　计							¥	4	3	3	9	2	0					¥	4	3	3	9	2	0	

附件3张

会计主管：王 丹　　记账：张 楚　　出纳：　　　　　　复核：李 达　　制单：李秀荣

表3-10

记 账 凭 证

2022 年 11 月 30 日　　　　　　　　　　　　　记字第 72 号

摘要	科目		借方金额											贷方金额											√
	总账科目	明细科目	亿	千	百	十	万	千	百	十	元	角	分	亿	千	百	十	万	千	百	十	元	角	分	
分配本月折旧费	制造费用	基本生产车间(折旧费)						9	6	0	0	0	0												
	辅助生产成本	辅助生产车间						2	0	0	0	0	0												
	管理费用	折旧费							3	0	0	0	0												
	累计折旧																	1	1	9	0	0	0	0	
合　计						¥	1	1	9	0	0	0	0				¥	1	1	9	0	0	0	0	

会计主管：王丹　　记账：张楚　　出纳：　　　　　复核：李达　　制单：李秀荣

附件1张

表3-11

记 账 凭 证

2022 年 11 月 30 日　　　　　　　　　　　　　记字第 73 号

摘要	科目		借方金额											贷方金额											√
	总账科目	明细科目	亿	千	百	十	万	千	百	十	元	角	分	亿	千	百	十	万	千	百	十	元	角	分	
分配职工薪酬费用	基本生产成本	聚酯纤维					7	3	8	6	0	0	0												
		锦纶纤维					8	7	3	8	0	0	0												
	制造费用	基本生产车间					9	0	0	0	0	0	0												
	辅助生产成本	辅助生产车间					7	5	0	0	0	0	0												
	管理费用					1	0	2	3	0	0	0	0												
	应付职工薪酬	工资															4	2	8	5	4	0	0	0	
合　计					¥	4	2	8	5	4	0	0	0			¥	4	2	8	5	4	0	0	0	

会计主管：王丹　　记账：张楚　　出纳：　　　　　复核：李达　　制单：李秀荣

附件1张

表3-12

记 账 凭 证

2022 年 11 月 30 日　　　　　　　　　　　　　记字第 75 号

摘要	科目		借方金额											贷方金额											√
	总账科目	明细科目	亿	千	百	十	万	千	百	十	元	角	分	亿	千	百	十	万	千	百	十	元	角	分	
分配本月材料费用	基本生产成本	聚酯纤维				2	3	2	3	0	0	0	0												
		锦纶纤维				1	3	2	1	0	0	0	0												
	制造费用	基本生产车间					1	8	4	0	0	0	0												
	原材料	无光切粒															2	3	7	9	0	0	0	0	
		油剂															1	2	6	5	0	0	0	0	
		辅料																1	8	4	0	0	0	0	
合　计					¥	3	8	2	8	0	0	0	0			¥	3	8	2	8	0	0	0	0	

会计主管：王丹　　记账：张楚　　出纳：　　　　　复核：李达　　制单：李秀荣

附件3张

第二步，登记制造费用明细账（见表3-13）。

表3-13　　　　　　　　　　　　　　　　制造费用明细账

车间名称：基本生产车间

2022年		凭证号数	摘要	合计	费用项目						
月	日				机物料消耗	职工薪酬	办公费	劳保费	水电费	折旧费	其他
11	30	记52#	购买办公用品	772.5			772.5				
	30	记57#	购买劳保用品	1 483.2				1 483.2			
	30	记68#	分配水费	3 382.5					3 382.5		
	30	记70#	分配电费	2 475					2 475		
	30	记71#	计提折旧费	9 600						9 600	
	30	记73#	分配职工薪酬费用	90 000		90 000					
	30	记75#	分配本月材料费用	18 400	18 400						
	30		本月合计	126 113.2	18 400	90 000	772.5	1 483.2	5 857.5	9 600	

任务二　制造费用的分配——生产工时比例分配法

一、操作流程

生产工时比例分配法下的制造费用分配的操作流程如图3-10所示。

图3-10　生产工时比例分配法下制造费用分配操作流程

二、实训资料

万利达有限公司是一家生产纺织材料的一般纳税人企业，主要生产聚酯纤维和锦纶纤维。该公司设有一个基本生产车间和一个辅助生产车间。辅助生产车间的制造费用不通过"制造费用"账户核算，直接记入"辅助生产成本"账户。

2022年11月30日，财会人员根据本月各项生产费用的核算资料登记的制造费用明细账见表3-14。

表3-14 制造费用明细账

车间名称：基本生产车间

2022年		凭证号数	摘要	合计	费用项目						
月	日				机物料消耗	职工薪酬	办公费	劳保费	水电费	折旧费	其他
11	30	记52#	购买办公用品	772.5			772.5				
	30	记57#	购买劳保用品	1 483.2				1 483.2			
	30	记68#	分配水费	3 382.5					3 382.5		
	30	记70#	分配电费	2 475					2 475		
	30	记71#	计提折旧费	9 600						9 600	
	30	记73#	分配职工薪酬费用	90 000		90 000					
	30	记75#	分配材料费用	18 400	18 400						
	30		本月合计	126 113.2	18 400	90 000	772.5	1 483.2	5 857.5	9 600	

2022年11月，该公司共生产聚酯纤维3.5吨、锦纶纤维1.8吨；两种产品耗用的生产工时见表3-15。

表3-15 生产工时统计表

2022年11月30日 单位：工时

产品名称	生产工时
聚酯纤维	2 800
锦纶纤维	1 200
合 计	4 000

三、实训要求

1.采用生产工时比例分配法编制制造费用分配表（分配率保留4位小数，金额保留2位小数）。

2.根据制造费用分配表，编制记账凭证。

3.登记制造费用明细账。

四、实训步骤

第一步，编制制造费用分配表。

在Excel工作表中设计"制造费用分配表"计算模板，根据表3-14、表3-15确定并录入应借科目及待分配的制造费用、生产工时等有关数据，根据生产工时比例分配法的计算原理定义计算公式。公式定义完毕后，自动显示结果（见表3-16）。

表3-16　　　　　　　　制造费用分配表（生产工时比例分配法）

2022年11月30日　　　　　　　　　　　　　　　　　　　金额单位：元

借方科目	生产工时	分配率	分配金额
基本生产成本——聚酯纤维	2 800		88 279.24
基本生产成本——锦纶纤维	1 200		37 833.96
合计	4 000	31.5283	126 113.20

主要单元格计算公式说明：

B6=B4+B5　C6=D6/B6　D4=B4*C6　C5=D6-D4

第二步，编制记账凭证。

根据审核无误的制造费用分配表编制记账凭证（见表3-17）。

表3-17　　　　　　　　　　　记　账　凭　证

2022 年 11 月 30 日　　　　　　　　　　　　记字第 76 号

摘　要	科　目		借方金额	贷方金额	√
	总账科目	明细科目	亿千百十万千百十元角分	亿千百十万千百十元角分	
分配制造费用	基本生产成本	聚酯纤维	8 8 2 7 9 2 4		
		锦纶纤维	3 7 8 3 3 9 6		
	制造费用	基本生产车间		1 2 6 1 1 3 2 0	附件2张
合　计			¥1 2 6 1 1 3 2 0	¥1 2 6 1 1 3 2 0	

会计主管：王　丹　　记账：张　楚　　出纳：　　　　　复核：李　达　　制单：李秀荣

第三步，登记制造费用明细账。

根据审核无误的记账凭证登记制造费用明细账（见表3-18）。

表3-18   制造费用明细账

车间名称：基本生产车间

2022年		凭证号数	摘要	合计	费用项目						
月	日				机物料消耗	职工薪酬	办公费	劳保费	水电费	折旧费	其他
11	30	记52#	购买办公用品	772.5			772.5				
	30	记57#	购买劳保用品	1 483.2				1 483.2			
	30	记68#	分配水费	3 382.5					3 382.5		
	30	记70#	分配电费	2 475					2 475		
	30	记71#	计提折旧费	9 600						9 600	
	30	记73#	分配职工薪酬费用	90 000		90 000					
	30	记75#	分配材料费用	18 400	18 400						
	30		本月合计	126 113.2	18 400	90 000	772.5	1 483.2	5 857.5	9 600	
	30	记76#	月末分配	126 113.2	18 400	90 000	772.5	1 483.2	5 857.5	9 600	

任务三　制造费用的分配——年度计划分配率分配法

一、操作流程

年度计划分配率分配法下的制造费用分配的操作流程如图3-11所示。

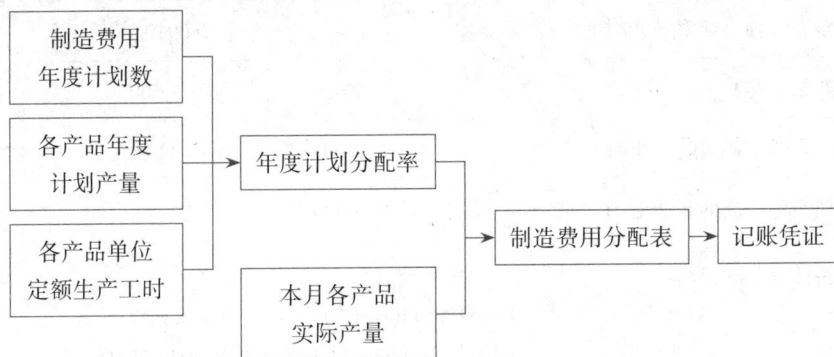

图3-11　年度计划分配率分配法下制造费用分配操作流程

二、实训资料

宏翔建筑装饰材料公司主要生产液体壁纸和无水型粉刷石膏两种产品，制造费用采用年度计划分配率分配法。2022年制造费用全年计划数为875 520元。液体壁纸和无水型粉刷石膏全年计划产量分别为300 00吨和24 000吨，单位产品工时定额分别为200小时和150小时。2022年12月份实际产量为：液体壁纸2 600吨，无水型粉刷石膏2 000吨，该月实际发生制造费用77 000元。

三、实训要求

1.采用年度计划分配率分配法编制制造费用分配表。
2.根据制造费用分配表编制记账凭证。

四、实训步骤

第一步，编制制造费用分配表。

在Excel工作表中设计"制造费用分配表"计算模板，根据实训资料将制造费用全年计划金额、各产品全年计划产量、单位产品工时定额、12月份各产品实际产量及实际发生制造费用额等数据录入计算模板，根据年度计划分配率分配法的计算原理定义年度计划分配率、制造费用分配金额计算公式。公式定义完毕后，自动显示结果（见表3-19）。

表3-19　　　　　　　制造费用分配表（年度计划分配率分配法）
2022年12月31日

年度计划制造费用总额（元）		875 520	
产品名称	液体壁纸	无水型粉刷石膏	合计
本年计划产量（吨）	30 000	24 000	54 000
单位产品工时定额（小时）	200	150	
本年计划产量的定额工时（小时）	6 000 000	3 600 000	9 600 000
制造费用年度计划分配率（元/小时）		0.0912	
本月实际产量（吨）	2 600	2 000	4 600
本月实际产量的定额工时（小时）	520 000	300 000	820 000
本月应分配给各产品的制造费用（元）	47 424	27 360	74 784

主要单元格计算公式说明：

B7=B5*B6	C7=C5*C6	D7=SUM（B7：C7）	B8=B3/D7
B10=B6*B9	C10=C6*C9	D10=SUM（B10：C10）	B11=B8*B10
C11=B8*C10	D11=B11+C11		

第二步，编制记账凭证。

根据审核无误的制造费用分配表编制记账凭证（见表3-20）。

表3-20

记 账 凭 证

2022 年 12 月 31 日

记字第 83 号

摘 要	科 目		借方金额											贷方金额											√
	总账科目	明细科目	亿	千	百	十	万	千	百	十	元	角	分	亿	千	百	十	万	千	百	十	元	角	分	
分配制造费用	基本生产成本	液态壁纸				4	7	4	2	4	0	0													
		无水型粉刷石膏				2	7	3	6	0	0	0													
	制造费用	基本生产车间															7	4	7	8	4	0	0		附件2张
合 计					¥	7	4	7	8	4	0	0				¥	7	4	7	8	4	0	0		

会计主管：王 丹　　记账：张 楚　　出纳：　　　　复核：李 达　　制单：李秀荣

项目四

废品损失的核算

思政引导

胡双钱的"大国工匠精神"

胡双钱，上海飞机制造有限公司高级技师，数控机加工车间钳工组组长。他不仅亲身参与了中国人在民用航空领域的首次尝试——运10飞机的研制，更在ARJ21新支线飞机及中国新一代大飞机C919的项目研制中做出了重大贡献。在35年的从业生涯中，他加工的数十万个零部件竟没有一个次品，他也由此被人们称为"航空手艺人"。

大部分人认识胡师傅，都是通过2015年劳动节期间央视的那期特别节目《大国工匠：国产大飞机的首席钳工胡双钱》。而每当有人当面提起这个称谓时，胡师傅总是很不好意思地说："不敢当啊！我身边优秀的人有很多，都可以得到这样的荣誉，我只是比较幸运而已。"35年，经手数十万个零部件，竟无一次品，胡师傅口中的这份幸运来得并不容易。

资料来源：闫妍. 胡双钱：大飞机舞台上的"大国工匠"[EB/OL]. [2023-04-21]. http://acftu.people.com.cn/n1/2016/0721/c67502-28574727.html.

问题：胡师傅35年经手数十万个零部件，竟无一次品，是如何做到的？你是如何理解工匠精神的？

启示：工匠精神是一种职业精神，是职业道德、职业素质和职业能力的体现，是社会文明进步的重要尺度，是中国制造前行的精神源泉，是企业竞争发展的品牌资本，是员工个人成长的道德指引。

任务一　可修复废品损失的核算

一、操作流程

可修复废品损失核算的操作流程如图4-1所示。

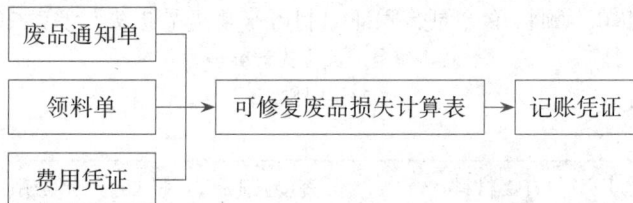

图4-1　可修复废品损失核算操作流程

二、实训资料

兴华公司设有三个车间：一个基本生产车间以及供水、供电两个辅助生产车间。基本生产车间生产甲产品一种产品。2022年8月25日，质检部门在甲产品生产过程中发现3件可修复废品，当即责令进行修复。月末，财会部门收到废品通知单、领料单等原始凭证，并按规定向责任人王森索赔150元。有关原始凭证见表4-1和表4-2。

表4-1　　　　　　　　　　　　　　废品通知单

2022年8月25日　　　　　　　　　　　　　金额单位：元

申报部门	基本生产车间		日期：8月25日		废品类型：可修复废品		
产品名称	单位	数量	其中		残值	赔偿	损失金额
			工废	料废			
甲产品	件	3	3			150.00	
合计							
废品处理意见	予以修复，并向责任人索赔						

审核：王　玲　　　　　　　　　　　制单：张　云

表4-2　　　　　　　　　　　　　　领　料　单

领料单位：基本生产车间　　　　　2022年8月26日　　　　　　金额单位：元

编号	材料名称	规格	计量单位	数量		单价	金额
				请领	实发		
A201	A材料		千克	10	10	68.00	680.00
用途	修复甲产品		备注				

部门主管：徐　强　　　批料：钱　敏　　　领料人：章　平　　　制单：李　力

三、实训要求

1.根据废品通知单和有关原始资料编制"可修复废品损失计算表"。

2.根据"可修复废品损失计算表"编制记账凭证。

四、实训步骤

第一步，编制可修复废品损失计算表。

根据废品通知单、领料单等原始凭证编制可修复废品损失计算表（见表4-3）。

表4-3　　　　　　　　　　　可修复废品损失计算表

车间：基本生产车间　　　　　　2022年8月31日　　　　　　　　单位：元

产品名称：甲产品　　　　　　　　　　　　　　　　可修复废品数量：3件

项目	直接材料	直接人工	制造费用	合计
修复费用	680			680
减：赔偿	150			150
废品损失				530

审核：刘　红　　　　　　　　制单：胡玉梅

第二步，编制记账凭证。

根据审核无误的可修复废品损失计算表编制记账凭证（见表4-4至表4-6）。

表4-4

记 账 凭 证

2022 年 8 月 31 日　　　　　　　　　　　　记字第 80 号

摘　要	科目		借方金额											贷方金额											√
	总账科目	明细科目	亿	千	百	十	万	千	百	十	元	角	分	亿	千	百	十	万	千	百	十	元	角	分	
可修复废品领用材料	废品损失	甲产品					6	8	0	0	0															
	原材料																	6	8	0	0	0			
合　计						¥	6	8	0	0	0						¥	6	8	0	0	0			

附件2张

会计主管：陈 飞　　记账：李文化　　出纳：　　　　　复核：张 华　　制单：刘 明

表4-5

记 账 凭 证

2022 年 8 月 31 日　　　　　　　　　　　　记字第 81 号

摘　要	科目		借方金额											贷方金额											√
	总账科目	明细科目	亿	千	百	十	万	千	百	十	元	角	分	亿	千	百	十	万	千	百	十	元	角	分	
向废品责任	其他应收款	王森					1	5	0	0	0															
人要求赔偿	废品损失	甲产品																1	5	0	0	0			
合　计						¥	1	5	0	0	0						¥	1	5	0	0	0			

附件2张

会计主管：陈 飞　　记账：李文化　　出纳：　　　　　复核：张 华　　制单：刘 明

表4-6

记 账 凭 证

2022 年 8 月 31 日　　　　　　　　　　　　记字第 82 号

摘　要	科目		借方金额											贷方金额											√
	总账科目	明细科目	亿	千	百	十	万	千	百	十	元	角	分	亿	千	百	十	万	千	百	十	元	角	分	
结转可修复废品	基本生产成本	甲产品					5	3	0	0	0															
净损失	废品损失	甲产品																5	3	0	0	0			
合　计						¥	5	3	0	0	0						¥	5	3	0	0	0			

附件2张

会计主管：陈 飞　　记账：李文化　　出纳：　　　　　复核：张 华　　制单：刘 明

任务二　不可修复废品损失的核算

一、操作流程

不可修复废品损失核算的操作流程如图4-2所示。

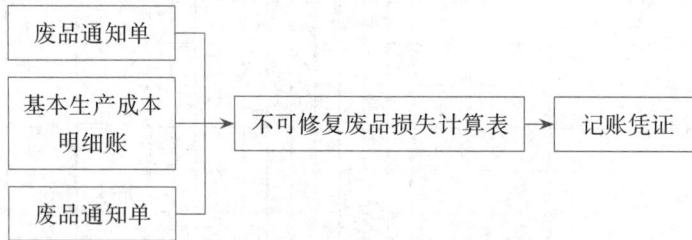

图4-2　不可修复废品损失核算操作流程

二、实训资料

兴华公司设有三个车间：一个基本生产车间以及供水、供电两个辅助生产车间。基本生产车间生产甲产品一种产品，原材料于生产开始时一次性投入。2022年9月30日，质检部门在甲产品生产过程中发现2件不可修复废品（共生产100件），废品回收的残料计价300元，残料已作辅材验收入库。月末，财会部门收到废品通知单、残料入库单、工时统计表等原始凭证，分别见表4-7、表4-8、表4-9。本月甲产品成本明细账见表4-10。

表4-7

废品通知单

2022年9月30日

金额单位：元

申报部门	基本生产车间		日期：9月30日		废品类型：不可修复废品			第三联 交财会
产品名称	单位	数量	其中		残值	赔偿	损失金额	
			工废	料废				
甲产品	件	2		2	300.00			
合计								
废品处理意见	予以报废；残料做辅材入库							

审核：王　玲　　　　　　　　　　　　　　　　制单：张　云

表4-8

入库单

仓库：辅材仓库　　　　　　　　　　　2022 年 9 月 30 日　　　　　　　　　　NO.138729

种类	材料名称	规格	单位	数量	单位成本	千	百	十	万	千	百	十	元	角	分	第三联 财务记账
	A材料		千克	15	20.00						3	0	0	0	0	
备注					合计					¥	3	0	0	0	0	

验收：李大立　　　　　　　　　　　　　　　　填单：王　明

表4-9　　　　　　　　　生产工时统计表

2022年9月30日　　　　　　　　　　　　　　　　单位：工时

产品名称	生产工时
合格品	1 200
不可修复废品	100
合　计	1 300

表4-10　　　　　　　　　基本生产成本明细账

产品名称：甲产品

2022年		凭证号数	摘　要	合　计	成本项目		
月	日				直接材料	直接人工	制造费用
9	30	记40#	分配本月材料费用	56 000	56 000		
	30	记41#	分配本月职工薪酬费用	6 500		6 500	
	30	记42#	分配制造费用	18 200			18 200
	30		本月合计	80 700	56 000	6 500	18 200

三、实训要求

1.根据有关原始资料编制废品损失计算表。

2.根据原始凭证及废品损失计算表编制记账凭证。

四、实训步骤

第一步，编制不可修复废品损失计算表。

在Excel工作表中设计"不可修复废品损失计算表"计算模板，根据表4-7至表4-10将相关数据录入计算模板，并定义费用分配率及废品实际成本金额的计算公式。公式定义完毕后，自动显示结果（见表4-11）。

表4-11　　　　　　　　　不可修复废品损失计算表

车间：基本生产车间　　　　　　　2022年9月30日　　　　　　　金额单位：元

产品名称：甲产品　　　　　　　　　　　　　　　　　不可修复废品数量：2件

项　目	数量	直接材料	工时	直接人工	制造费用	合　计
生产费用	100	56 000	1 300	6 500	18 200	80 700
费用分配率		560		5	14	
废品生产成本	2	1 120	100	500	1 400	3 020
减：残值						300
废品损失						2 720

主要单元格计算公式说明：

C6=C5/B5　　　　E6=E5/D5　　　　F6=F5/D5　　　G5=C5+E5+F5　　　　C7=B7*C6

E7=D7*E6　　　F7=D7*F6　　　G7=C7+E7+F7　　　G9=G7−G8

审核：刘　红　　　　　　　　　　　　　制单：胡玉梅

第二步，编制记账凭证。

根据审核无误的不可修复废品损失计算表、入库单等原始凭证编制记账凭证（见表4-12、表4-13和表4-14）。

表4-12

记 账 凭 证

2022 年 9 月 30 日　　　　　　　　　　记字第 83 号

摘 要	科 目		借方金额										贷方金额										√
	总账科目	明细科目	亿	千	百	十	万	千	百	十	元	角	分	亿	千	百	十	万	千	百	十	元	角	分	
结转不可修复废品成本	废品损失	甲产品					3	0	2	0	0	0													
	基本生产成本	甲产品																3	0	2	0	0	0		
合 计						¥	3	0	2	0	0	0				¥	3	0	2	0	0	0			

会计主管：陈 飞　　记账：李文化　　出纳：　　　复核：张 华　　制单：刘 明

表4-13

记 账 凭 证

2022 年 9 月 30 日　　　　　　　　　　记字第 84 号

摘 要	科 目		借方金额										贷方金额										√
	总账科目	明细科目	亿	千	百	十	万	千	百	十	元	角	分	亿	千	百	十	万	千	百	十	元	角	分	
回收废品残料	原材料								3	0	0	0	0												
	废品损失	甲产品																		3	0	0	0	0	
合 计							¥	3	0	0	0	0					¥	3	0	0	0	0			

会计主管：陈 飞　　记账：李文化　　出纳：　　　复核：张 华　　制单：刘 明

表4-14　　　　　　　　　　　　　记 账 凭 证

2022 年 9 月 30 日　　　　　　　　　　　　　　记字第 85 号

摘　要	科　目		借方金额										贷方金额										√
	总账科目	明细科目	亿	千	百	十	万	千	百	十	元	角	分	亿	千	百	十	万	千	百	十	元	角	分
结转不可修复废品净损失	基本生产成本	甲产品						2	7	2	0	0	0											
	废品损失	甲产品																	2	7	2	0	0	0
合　计							¥	2	7	2	0	0	0					¥	2	7	2	0	0	0

会计主管：陈 飞　　　记账：李文化　　　出纳：　　　　　复核：张 华　　　制单：刘 明

项目五

生产费用在完工产品和
在产品之间的分配

思政引导

2016年、2017年"工匠精神"连续两年出现在《政府工作报告》中，2017年政府更加明确地提出，要大力弘扬工匠精神，厚植工匠文化，恪尽职业操守，崇尚精益求精，培育众多"中国工匠"，打造更多享誉世界的"中国品牌"，推动中国经济发展进入质量时代。

所谓工匠精神，是指工匠对自己的物质或者精神产品耐心专注、精雕细琢、精益求精、追求卓越的精神理念。它既是一种做事的态度，也是一种从业的追求；既是一种职业的操守，也是一种文化的传承。匠人都有一颗"匠心"。嗜之越笃，技巧越工。热爱自己的工作才能竭其心智、穷其工力，热爱自己的工作才能不计得失、心甘情愿。堪称工匠者，必有对事业的沉静与专注，必有对细节的关注和对品质的追求。他们诚信重诺，视质量品牌为生命而决不妥协。他们摒弃浮躁，沉潜于事而滴水穿石。

工匠精神在不同的历史发展阶段、不同的国家和民族都会有不同的内涵。但其基本核心内涵不会改变，就是严谨、细致、耐心、专注、坚持、专业、敬业、精益求精。这种精神正是会计人员应该坚守的核心精神。会计人员每天和数字信息打交道，需要时刻进行会计信息的计量、核算与报告，而会计工作的过程和特点，要求会计人员必须拥有工匠精神要求的严谨、细致、耐心、专注等品质。一张张会计凭证，一本本会计账簿，就是会计人员的产品。财务报表、财务报告就是会计人员职业价值的体现。对动态变化的财经法规、会计制度及准则和内控制度、审计条例的熟练掌握程度，对会计信息的分析判断能力和对财务风险的敏锐度，沟通、协调、决策、合作等能力就构成了会计人员的基本技能。所以，会计人员是另一种意义上的工匠，也需要练就自己从"匠心"到"匠魂"。会计职业要持续发展下去，更需要匠心传承。

资料来源：董晓懿，钟林. 会计工匠精神与会计专业大学生关键能力的培养［J］. 质量与市场，2021（22）：67-69.

问题：会计工匠精神对当代大学生人格培养有何意义？

启示：人无精神则不立，国无精神则不强。会计工匠精神是会计人员严谨求实的品质精神、追求卓越的创造精神、脚踏实地的奉献精神和百折不挠的服务精神。会计专业大学生应加强自身道德素质的培养和健康素质的培养，发扬会计工匠精神，提高会计职业素养，成为身体素质良好，具有运动能力，认知能力完善，情绪健康稳定，意志较为坚定，人际关系和谐，适应能力良好的人。

任务一　约当产量比例法

一、操作流程

约当产量比例法的操作流程如图5-1所示。

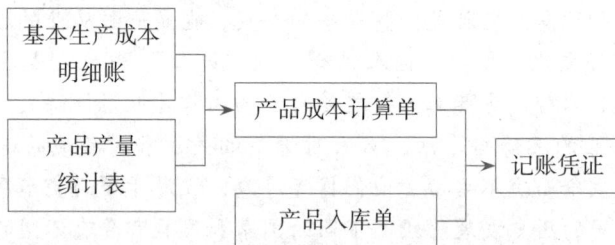

图5-1　约当产量比例法操作流程图

二、实训资料

宏发制造厂基本生产一车间主要生产乙产品，月末在产品按定额成本计价，原材料在生产开始时一次性投入。2022年3月31日，乙产品完工4 000件，经验收合格后入库。未完工乙产品1 000件，完工程度为60%。

月末，财会部门已登记的乙产品基本生产成本明细账见表5-1，收到的产量统计表及未填写完整的产品入库单见表5-2、表5-3。

表5-1　　　　　　　　　　　　　　基本生产成本明细账

产品名称：乙产品

2022年		凭证号数	摘　要	合　计	成本项目		
月	日				直接材料	直接人工	制造费用
3	1		月初在产品成本	26 300	10 000	8 500	7 800
3	31	记62#	分配本月材料费用	90 500	90 500		
	31	记63#	分配本月职工薪酬费用	30 600		30 600	
	31	记66#	分配制造费用	29 000			29 000

表5-2　　　　　　　　　　　　　产品产量统计表

2022年3月31日

单位：件

产品名称	月初在产品	本月投产	本月完工	月末在产品
乙产品	800	4 200	4 000	1 000
合计	800	4 200	4 000	1 000

表5-3　　　　　　　　　　　　　产品入库单

仓库：乙产品库　　　　　　　　2022年3月31日　　　　　　　　　　NO.421052

种类	产品名称	规格	单位	数量	单位成本	千	百	十	万	千	百	十	元	角	分	
	乙产品		件	4 000												第三联
																财务记账
备　注				合计												

验收：李立明　　　　　　　　　　　　　　　填单：

三、实训要求

1.根据实训资料，采用约当产量比例法填制产品成本计算单，并将产品入库单填写完整。

2.根据产品成本计算单及产品入库单，编制记账凭证。

四、实训步骤

第一步，编制产品成本计算单。

在Excel工作表中设计"产品成本计算单"计算模板，根据表5-1、表5-2资料录入各项费用及产量等数据，按约当产量比例法的计算原理定义费用分配率、完工产品成本及月末在产品成本等单元格的计算公式。公式定义完毕后，自动显示结果（见表5-4）。

表5-4　　　　　　　　　　　　　产品成本计算单

产品名称：乙产品　　　　　　　　2022年3月31日　　　　　　　　　金额单位：元

项　目	直接材料	直接人工	制造费用	合计
月初在产品成本	10 000	8 500	7 800	26 300
本月生产费用	90 500	30 600	29 000	150 100
本月生产费用合计	100 500	39 100	36 800	176 400
在产品产量	1 000	1 000	1 000	—
在产品完工程度	100%	60%	60%	—
在产品约当产量	1 000	600	600	—
完工产品产量	4 000	4 000	4 000	—
约当产量合计	5 000	4 600	4 600	—
费用分配率	20.1	8.5	8	36.6
本月完工产品成本	80 400	34 000	32 000	146 400
月末在产品成本	20 100	5 100	4 800	30 000

主要单元格计算公式说明：

B7=B5+B6　　C7=C5+C6　　　D7=D5+D6　　　B10=B8*B9　　　　　　C10=C8*C9

D10=D8*D9　　B12=B10+B11　　C12=C10+C11　　D12=D10+D11　　　　B13=B7/B12

C13=C7/C12　　D13=D7/D12　　B14=B11*B13　　C14=C11*C13　　　　D14=D11*D13

B15=B7-B14　　C15=C7-C14　　D15=D7-D14　　E13=SUM（B13：D13）　E14=SUM（B14：D14）

E15=SUM（B15：D15）

第二步，填写产品入库单。

根据产品成本计算单结果，将产品入库单填写完整（见表5-5）。

表5-5　　　　　　　　　　　　　产品入库单

仓库：乙产品库　　　　　　　　　2022年3月31日　　　　　　　　NO.421052

种类	产品名称	规格	单位	数量	单位成本	千	百	十	万	千	百	十	元	角	分
	乙产品		件	4 000	36.60			1	4	6	4	0	0	0	0
备　注				合　计		¥	1	4	6	4	0	0	0	0	

第三联　财务记账

验收：李立明　　　　　　　　　　　　　　　　　填单：张　岚

第三步，编制记账凭证。

根据审核无误的产品成本计算单、产品入库单编制记账凭证（见表5-6）。

表5-6　　　　　　　　　　　　　记账凭证

2022年3月31日　　　　　　　　　　　　　　　记字第_70_号

摘　要	科　目		借方金额										贷方金额										√
	总账科目	明细科目	亿	千	百	十	万	千	百	十	元	角	分	亿	千	百	十	万	千	百	十	元	角	分
结转完工产品	库存商品	乙产品			1	4	6	4	0	0	0	0												
成本	基本生产成本	乙产品														1	4	6	4	0	0	0	0	
合　计			¥	1	4	6	4	0	0	0	0			¥	1	4	6	4	0	0	0	0	

附件2张

会计主管：高义　　记账：张山　　出纳：　　　复核：常远　　制单：李刚

任务二　定额比例分配法

一、操作流程

定额比例分配法的操作流程如图5-2所示。

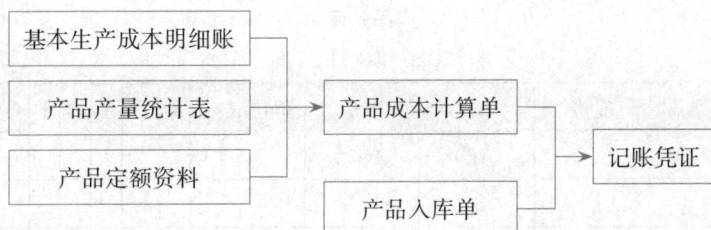

图5-2　定额比例分配法操作流程图

二、实训资料

华发公司基本生产车间主要生产丙产品，原材料在生产开始时一次性投入。2022年4月30日，丙产品完工2 000件，经验收合格后入库。未完工丙产品500件。

月末，财会部门已登记的丙产品基本生产成本明细账见表5-7；产品产量统计表、产品定额资料及未填写完整的产品入库单见表5-8至表5-10。

表5-7　　　　　　　　　　　　　　基本生产成本明细账

产品名称：丙产品

2022年		凭证号数	摘 要	合 计	成本项目		
月	日				直接材料	直接人工	制造费用
4	1		月初在产品成本	4 300	2 000	800	1 500
	30	记72#	分配本月材料费用	10 000	10 000		
	30	记75#	分配本月职工薪酬费用	3 700		3 700	
	30	记78#	分配制造费用	7 500			7 500

表5-8　　　　　　　　　　　　　　产品产量统计表

2022年4月30日　　　　　　　　　　　　　　　　单位：件

产品名称	月初在产品	本月投产	本月完工	月末在产品
丙产品	700	1 800	2 000	500
合计	700	1 800	2 000	500

表5-9　　　　　　　　　　　　单位产品材料及工时消耗定额

产品名称	单位	材料消耗定额（千克）	工时消耗定额（工时）
完工产品	件	5	2
月末在产品	件	4	1

表5-10 产品入库单

仓库：产品库　　　　　　　　　　　2022年4月30日　　　　　　　　　NO.316781

种类	产品名称	规格	单位	数量	单位成本	千	百	十	万	千	百	十	元	角	分	第三联
	丙产品		件	2 000												财务记账
备　注				合　计												

验收：张帆　　　　　　　　　　　　　　填单：

三、实训要求

1. 根据实训资料，采用定额比例分配法填制产品成本计算单，并将产品入库单填写完整。
2. 根据产品成本计算单及产品入库单，编制记账凭证。

四、实训步骤

第一步，编制产品成本计算单。

在Excel工作表中设计"产品成本计算单"计算模板，根据表5-7资料录入月初在产品成本、本月生产费用等数据，根据表5-8、表5-9确定完工产品和月末在产品的材料消耗定额和工时定额后录入相关单元格，按定额比例分配法的计算原理定义费用分配率、完工产品成本及月末在产品成本等单元格的计算公式。公式定义完毕后，自动显示结果（见表5-11）。

表5-11 产品成本计算单

产品名称：丙产品　　　　　　　　2022年4月30日　　　　　　　　金额单位：元

项　目		直接材料	直接人工	制造费用	合计
月初在产品成本		2 000	800	1 500	4 300
本月生产费用		10 000	3 700	7 500	21 200
生产费用合计		12 000	4 500	9 000	25 500
消耗定额	完工产品	10 000	4 000	4 000	—
	月末在产品	2 000	500	500	—
费用分配率		1	1	2	
完工产品成本		10 000	4 000	8 000	22 000
完工产品单位成本		5	2	4	11
月末在产品成本		2 000	500	1 000	3 500

主要单元格计算公式说明：

C10=C7/（C8+C9）　　　D10=D7/（D8+D9）　　　E10=E7/（E8+E9）　　　C11=C8*C10　　　D11=D8*D10

E11=E8*E10　　　　　　C13=C9*C10　　　　　　D13=D9*D10　　　　　　E13=E9*E10

F11=SUM（C11：E11）　F12=SUM（C12：E12）　F13=SUM（C13：E13）

第二步,填写产品入库单。

根据产品成本计算单结果,将产品入库单填写完整(见表5-12)。

表5-12 产品入库单

仓库:产品库　　　　　　　　　　2022年4月30日　　　　　　　　　　NO.316781

种类	产品名称	规格	单位	数量	单位成本	千	百	十	万	千	百	十	元	角	分
	丙产品		件	2 000	11			2	2	0	0	0	0	0	0
备　注			合　计				￥	2	2	0	0	0	0	0	0

第三联 财务记账

验收:张 帆　　　　　　　　　　　　　填单:常 胜

第三步,编制记账凭证。

根据审核无误的产品成本计算单、产品入库单编制记账凭证(见表5-13)。

表5-13 记 账 凭 证

2022年4月30日　　　　　　　　　　记字第 64 号

摘　要	科　目		借方金额										贷方金额										√
	总账科目	明细科目	亿	千	百	十	万	千	百	十	元	角	分	亿	千	百	十	万	千	百	十	元	角	分	
结转完工产品	库存商品	丙产品			2	2	0	0	0	0	0	0												
成本	基本生产成本	丙产品														2	2	0	0	0	0	0	0	
合　计					￥	2	2	0	0	0	0	0	0			￥	2	2	0	0	0	0	0	0	

附件2张

会计主管:高 元　　　记账:倪 海　　　出纳:　　　　　　　复核:张 锋　　　制单:戴 健

任务三　定额成本计价法

一、操作流程

月末在产品按定额成本计价法的操作流程如图5-3所示。

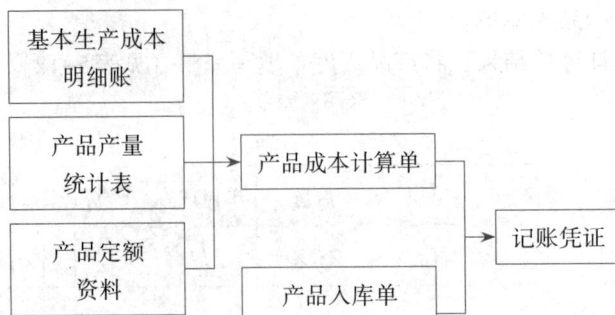

图5-3 月末在产品按定额成本计价法操作流程图

二、实训资料

华美公司基本生产二车间主要生产丁产品，生产费用在完工产品与月末在产品之间的分配采用月末在产品按定额成本计价法。生产丁产品的原材料在生产开始时一次性投入。2022年5月31日，丁产品完工1 000件，经验收合格后入库。未完工丁产品200件，投料率80%，完工程度50%。

月末，财会部门已登记的丁产品基本生产成本明细账（见表5-14）；产量统计表、产品定额资料及未填写完整的产品入库单分别见表5-15、表5-16、表5-17。

表5-14   基本生产成本明细账

产品名称：丁产品

2022年		凭证号数	摘　要	合　计	成本项目		
月	日				直接材料	直接人工	制造费用
5	1		月初在产品成本	31 614	12 400	8 974	10 240
	31	记72#	分配本月材料费用	87 200	87 200		
	31	记75#	分配本月职工薪酬费用	29 450		29 450	
	31	记78#	分配制造费用	46 360			46 360

表5-15   产品产量统计表

2022年5月31日   单位：件

产品名称	月初在产品	本月投产	本月完工	月末在产品
丁产品	300	900	1 000	200
合　计	300	900	1 000	200

表5-16   单位完工产品消耗定额   金额单位：元

产品名称	数量（件）	材料费用定额	工时定额	单位工时人工费用定额	单位工时制造费用定额
完工产品	1 000	125	22	4.6	1.4

表5-17　　　　　　　　　　　产品入库单

仓库：产品库　　　　　　　　2022 年 5 月 31 日　　　　　　　NO.63124680

种类	产品名称	规格	单位	数量	单位成本	千	百	十	万	千	百	十	元	角	分
	丁产品		件	1 000											
备　注				合　计											

第三联　财务记账

验收：王　方　　　　　　　　　　　　　填单：

三、实训要求

1.根据实训资料，采用月末在产品按定额成本计价法填制产品成本计算单，并将产品入库单填写完整。

2.根据产品成本计算单及产品入库单，编制记账凭证。

四、实训步骤

第一步，编制月末在产品定额成本计算表。

在 Excel 工作表中设计"月末在产品定额成本计算表"计算模板，根据表5-15、表5-16录入单位完工产品费用定额及工时定额、在产品投料率及完工率等数据，定义单位在产品材料费用定额和工时定额计算公式，再定义月末在产品定额成本计算公式。公式定义完毕后，自动显示结果（见表5-18）。

表5-18　　　　　　　　月末在产品定额成本计算表　　　　　　　金额单位：元

项　　目	材料费用定额	工时定额	单位工时人工费用定额	单位工时制造费用定额
单位完工产品	125	22	4.6	1.4
在产品完工率	80%	50%	—	—
单位在产品	100	11	—	—
月末在产品定额成本	20 000	2 200	10 120	3 080

主要单元格计算公式说明：

B5=B3*B4　　　B6=B5*200　　　C5=C3*C4　　　C6=C5*200　　　D6=C6*D3　　　E6=C6*E3

第二步，编制产品成本计算单。

在 Excel 工作表中设计"产品成本计算单"计算模板，根据表5-14资料录入月初在产品成本、本月生产费用等数据，根据表5-18录入月末在产品定额成本数据，按月末在产品按定额成本计价法的计算原理定义完工产品成本各单元格的计算公式。公式定义完毕后，自动显示结果（见表5-19）。

表5-19　　　　　　　　　　　产品成本计算单

产品名称：丁产品　　　　　　　　　2022年5月31日　　　　　　　　　　单位：元

项　　目	直接材料	直接人工	制造费用	合计
月初在产品成本	12 400	8 974	10 240	31 614
本月生产费用	87 200	29 450	46 360	163 010
生产费用合计	99 600	38 424	56 600	194 624
月末在产品定额成本	20 000	10 120	3 080	33 200
本月完工产品成本	79 600	28 304	53 520	161 424
完工产品单位成本	79.600	28.304	53.520	161.424

计算公式说明：

B6=B4+B5　　　C6=C4+C5　　　D6=D4+D5　　　E6=SUM（B6：D6）

B8=B6−B7　　　C8=C6−C7　　　D8=D6−D7　　　E8=SUM（B8：D8）

B9=B8/1 000　　C9=C8/1 000　　D9=D8/1 000　　E9=SUM（B9：D9）

第三步，填写产品入库单。

根据产品成本计算单结果，将产品入库单填写完整（见表5-20）。

表5-20　　　　　　　　　　　产品入库单

仓库：产品库　　　　　　　2022年5月31日　　　　　NO.63124680

种类	产品名称	规格	单位	数量	单位成本	千	百	十	万	千	百	十	元	角	分
	丁产品		件	1 000	161.424			1	6	1	4	2	4	0	0
备　注				合计		¥		1	6	1	4	2	4	0	0

验收：王　方　　　　　　　　　　　填单：李大霄

第四步，编制记账凭证。

根据审核无误的成本计算单、产品入库单编制记账凭证（见表5-21）。

表5-21　　　　　　　　　　记　账　凭　证

2022年5月31日　　　　　　　　　　　　记字第_91_号

摘　要	科　目		借方金额										贷方金额										√
	总账科目	明细科目	亿	千	百	十	万	千	百	十	元	角	分	亿	千	百	十	万	千	百	十	元	角	分
结转完工产品	库存商品	丁产品				1	6	1	4	2	4	0	0											
成本	基本生产成本	丁产品															1	6	1	4	2	4	0	0
合　计					¥	1	6	1	4	2	4	0	0			¥	1	6	1	4	2	4	0	0

会计主管：钱　丽　　记账：李　波　　出纳：　　　　　复核：谈　建　　制单：李　纳

综合实训篇

项目六

产品成本核算的品种法

思政引导

贫苦女变成贪污犯

张瑞华（化名），女，汉族，陕西省人，2011年3月至2016年10月在某市交通局道路工程监理咨询所工作，担任该所出纳员。2016年10月15日因涉嫌贪污公款，被公安机关拘留，同年11月20日被依法逮捕。2017年1月10日，张瑞华被判处有期徒刑2年，缓期3年执行。

张瑞华出生于陕西省偏远山区的一户农民家庭，家境清贫。她父母以卖菜、打粮、种菜为生，用微薄的收入供其读书。张瑞华聪明伶俐、勤奋好学，小学、初中成绩优异，多次被评为三好学生，深得教师、同学的喜爱。

高职毕业后，她被分配到公路部门工作，一家人非常高兴，鼓励她要听领导的话，虚心学习，好好工作。起初，她还能认真地学习会计业务知识，工作勤勤恳恳。领导十分信任她、喜欢她并委以重任。后来张瑞华的思想悄悄发生变化，金钱、舒适安逸的生活诱惑着她，法律、法规的规定被抛之脑后。

2016年10月份，检察机关在调查某市道路工程监理咨询所副经理杨某涉嫌贪污一案时，发现该所出纳员张瑞华有贪污公款之嫌疑，经检察长批准，遂派员调查，初步查明张瑞华涉嫌下列犯罪事实：

张瑞华从2013年5月至2015年12月，根据该所副经理杨某的授意，在编制工资发放表和工程补助单时，捏造工程监理聘用人员名单，以发工资的名义共套取公款16 365 350元。其中：2013年套取4 478 650元，2014年套取4 169 500元，2015年套取7 717 200元。以上现金除用于向有关职能部门领导拜年送礼等开支外，张瑞华从中贪污17 000元。所得赃款7 000元用于自己美容护理、减肥等，剩余10 000元存入个人银行账户。

综上所述，张瑞华身为国有企业财务人员，利用职务之便，采取虚构事实等手段套取现金，从中侵吞公款，且数额较大。其行为触犯了《中华人民共和国刑法》第382条之规定，构成贪污罪。

资料来源：佚名. 会计职业道德和会计违法违纪案例 [EB/OL]. [2023-04-21]. https://eduai.baidu.com/view/550d6d19ba0d6c85ec3a87c24028915f804d8414.

问题：张瑞华从一名贫苦女沦落为贪污犯的经历有什么反思意义？

启示：1.思想政治教育对年轻干部显得特别重要。张瑞华出生于一个贫困的家庭，从小勤奋好学，以优异成绩考入高职后，便顺利走上工作岗位，处世不深，政治思想未成熟，又疏于学习，这一时期最容易受外界影响。在受到一些错误思想的侵蚀后，她工作上变得不思进取，生活上追求舒适安逸，逐渐丧失了拒腐防变的能力，走上了腐化堕落之路。

2.加强内部监督管理，建立和完善制度机制，特别是对领导干部的监督应该引起有关部门高度重视。领导授意、指导财务人员犯罪也是一个不可忽视的现实问题。应建立一整套严格、科学的财务管理制度，使财务管理正规化。

3.要强化法律、法规业务知识的学习，狠抓廉政教育。张瑞华案例表明，经常加强法律知识、业务知识的学习非常重要。财务人员掌握了这些知识，在必要时就会向领导讲清楚法律、财务的规定，让领导明白哪些可以做，哪些不可以做，就不会唯命是从，更不会使自己走上犯罪的道路。

一、实训目标

1.理解品种法的特点和适用范围

2.理解并掌握品种法的核算程序

3.能够运用品种法正确计算企业产品成本

4.强化诚实守信的会计职业道德，养成认真负责、细心耐心、踏实严谨、精益求精的工作作风，弘扬开源节流、勤俭节约、精打细算的中华传统美德

二、实训内容与要求

1.能正确、熟练地进行要素费用归集与分配的核算

2.能正确、熟练地进行辅助生产费用归集与分配的核算

3.能正确、熟练地进行制造费用归集与分配的核算

4.能正确、熟练地进行废品损失的核算

5.能正确、熟练地计算出完工产品成本及月末在产品成本

三、实训操作流程

品种法的操作流程如图6-1所示。

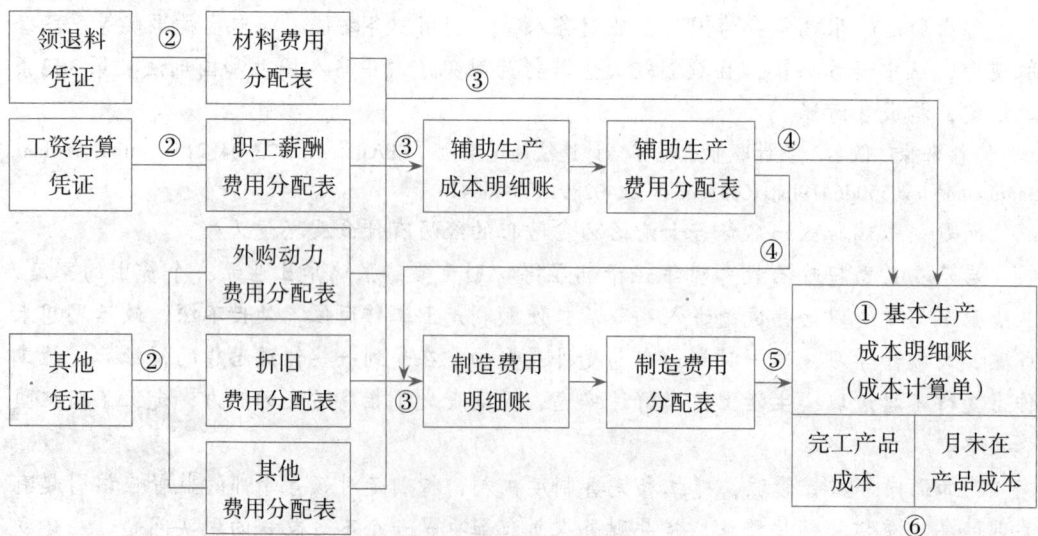

图6-1　品种法的操作流程

1.按照产品品种开设基本生产成本明细账；

2.根据各要素费用原始凭证编制各要素费用分配表；

3.根据各要素费用分配表编制记账凭证，并登记各品种产品基本生产成本明细账、辅助生产成本明细账、制造费用明细账等成本费用明细账；

4.分配辅助生产费用并登记相关成本费用明细账；

5.分配制造费用并登记相关成本费用明细账；

6.将生产费用在完工产品与在产品之间进行分配，计算完工产品成本。

四、业务案例

（一）企业成本核算概况

无锡鸿运制砖厂主要生产烧结多孔砖和烧结实心砖（简称多孔砖、实心砖）两种产品。该企业设有一个基本生产车间；设有两个辅助生产车间：供水车间和供电车间，烘干砖坯所需的蒸汽通过外购取得。该企业属于大量、大批生产，成本管理上不需要计算各步骤成本，故成本核算采用品种法。企业产品成本核算要求如下：

1."基本生产成本"明细账内设"直接材料""直接人工""燃料及动力""制造费用""废品损失"五个成本项目。

2.产品共同耗用的直接材料费用采用定额耗用量比例分配法分配；外购燃料及动力费用按烘制生产工时比例分配；直接人工、制造费用按实际生产工时比例分配。

3.折旧费用的计提：该企业计提固定资产折旧采用分类折旧率，房屋及建筑物月折旧率为0.2%，机器设备月折旧率为0.8%。

4.辅助生产费用的核算：供电及供水车间分别为全厂提供供电、供水服务。为简化核算，两个辅助生产车间发生的制造费用直接记入"辅助生产成本"账户，不通过"制造费用"账户核算。辅助生产费用采用一次交互分配法分配。

5.生产费用在完工产品及月末在产品之间分配：多孔砖和实心砖生产所需的原材料均在生产开始时一次性投入；各月在产品数量变化都较大，生产费用在完工产品及月末在产品之间采用约当产量比例法分配；在产品完工程度均为50%。

多孔砖和实心砖的生产工艺如图6-2所示。

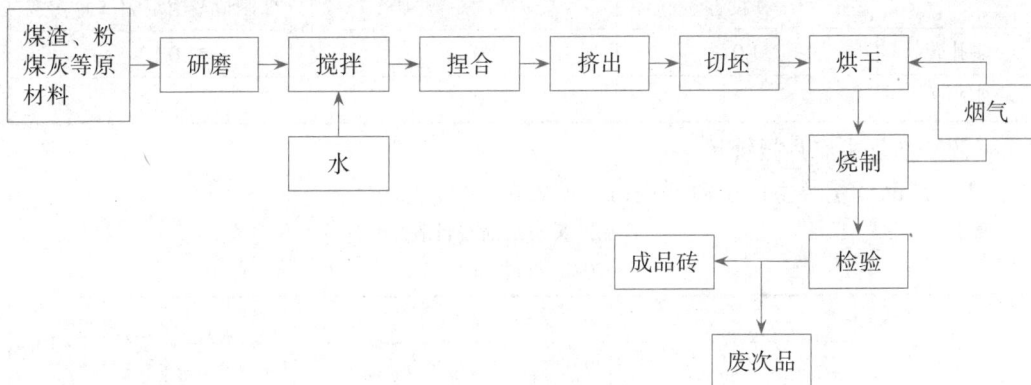

图6-2　制砖生产工艺

（二）期初在产品资料

期初在产品成本见表6-1。

表6-1　　　　　　　　　　　　　　期初在产品成本　　　　　　　　　　　单位：元

产品名称	成本项目				合计
	直接材料	燃料及动力	直接人工	制造费用	
多孔砖	7 953.50	2 314.50	3 654.20	3 485.30	17 407.50
实心砖	5 377.50	1 987.50	2 876.50	2 678.50	12 920.00
合计	13 331.00	4 302.00	6 530.70	6 163.80	30 327.50

（三）单位产品定额资料

1.单位产品材料消耗定额

单位产品各材料消耗的定额见表6-2。

表6-2　　　　　　　　　　　　单位产品材料消耗定额

材料名称	计量单位	多孔砖（块）		实心砖（块）	
		定额耗用量	单价（元）	定额耗用量	单价（元）
煤矸石	千克	0.45	0.25		
黏土	千克	0.25	0.30		
页岩	千克			0.40	0.75
铝硅土	千克			0.15	1.80
水泥	千克	0.30	0.44	0.35	0.44

2.单位产品人工费用及制造费用定额

单位产品工时定额及单位工时定额费用见表6-3。

表6-3　　　　　　　　单位产品人工费用及制造费用定额

产品名称	定额工时（工时）	单位工时人工费用定额（元）	单位工时制造费用定额（元）
多孔砖	1.0	0.15	0.10
实心砖	1.2	0.15	0.10

（四）本月生产月报统计

本月产品产量及生产工时耗用情况见表6-4。

表6-4　　　　　　　　产品产量及工时统计表

2022年11月30日

产品名称	产量（块）				实际生产工时
	月初在产品	本月投产	本月完工	月末在产品	
多孔砖	43 500	100 000	125 800	17 700	2 600
实心砖	25 200	80 000	88 600	16 600	1 400

任务一　要素费用的归集与分配

一、实训目标

1.掌握材料费用归集与分配的核算

2.掌握职工薪酬费用归集与分配的核算

3.掌握燃料及动力费用归集与分配的核算

4.掌握计提折旧费用的核算

5.掌握其他费用的核算

二、实训内容与要求

1.能按照会计法律法规的规定审核相关原始凭证的合法性、合规性及合理性

2.能正确、熟练地利用 Excel 工具编制材料费用分配表、薪酬费用分配表、燃料及外购动力费用分配表、固定资产折旧计提表等原始凭证

3.能按照企业会计准则和《企业产品成本核算制度（试行）》的规定，根据各费用分配表或费用发生凭证正确、熟练地编制记账凭证

4.能根据所编制的记账凭证正确、规范、熟练地登记基本生产成本、辅助生产成本及制造费用明细账

三、实训材料

1.领料单、退料单、发料凭证汇总表

2.工资结算汇总表

3.材料费用分配表

4.薪酬费用分配表

5.燃料及外购动力费用分配表

6.折旧计提表

7.其他费用凭证

8.通用记账凭证

9.基本生产成本明细账、辅助生产成本明细账、制造费用明细账

四、实训步骤

实训一　材料费用的归集与分配

第一步，取得并审核领料单等原始凭证。

2022 年 11 月 30 日，无锡鸿运制砖厂财会部门收到仓库转来的领料单，见表 6-5 至表 6-15。

表6-5 领 料 单

领料单位：生产车间　　　　　　　　　　2022年11月2日　　　　　　　　　发料仓库：1号仓库

编号	材料名称	规格	计量单位	数量		单价（元）	金额（元）
				请领	实发		
C1001	煤矸石		千克	32 500	32 500	0.23	7 475
C1002	黏土		千克	12 000	12 000	0.32	3 840
用途	生产多孔砖			备注			

部门主管：李　畅　　　　批料：章剑林　　　　领料人：罗成伟　　　　制单：李　敏

表6-6 领 料 单

领料单位：生产车间　　　　　　　　　　2022年11月2日　　　　　　　　　发料仓库：2号仓库

编号	材料名称	规格	计量单位	数量		单价（元）	金额（元）
				请领	实发		
C2001	页岩		千克	22 500	22 500	0.75	16 875
C2002	铝硅土		千克	7 500	7 500	2.00	15 000
用途	生产实心砖			备注			

部门主管：李　畅　　　　批料：章剑林　　　　领料人：罗成伟　　　　制单：李　敏

表6-7 领 料 单

领料单位：生产车间　　　　　　　　　　2022年11月2日　　　　　　　　　发料仓库：3号仓库

编号	材料名称	规格	计量单位	数量		单价（元）	金额（元）
				请领	实发		
C3001	水泥		千克	28 000	28 000	0.45	12 600
用途	生产多孔砖、实心砖			备注			

部门主管：李　畅　　　　批料：章剑林　　　　领料人：罗成伟　　　　制单：李　敏

表6-8 领 料 单

领料单位：生产车间　　　　　　　　　　2022年11月3日　　　　　　　　　发料仓库：4号仓库

编号	材料名称	规格	计量单位	数量		单价（元）	金额（元）
				请领	实发		
B4001	铁锹		把	16	16	23.00	368
用途	基本生产车间一般耗用			备注	铁锹采用一次摊销法		

部门主管：李　畅　　　　批料：章剑林　　　　领料人：罗成伟　　　　制单：李　敏

表6-9   领 料 单

领料单位：行政管理部门   2022年11月8日   发料仓库：3号仓库

编号	材料名称	规格	计量单位	数量		单价（元）	金额（元）
				请领	实发		
C3001	水泥		千克	150	150	0.45	67.5
C3002	黄沙		千克	500	500	0.16	80
用途	修缮行政办公楼			备注			

部门主管：李 畅   批料：章剑林   领料人：张 飞   制单：李 敏

表6-10   领 料 单

领料单位：行政管理部门   2022年11月8日   发料仓库：4号仓库

编号	材料名称	规格	计量单位	数量		单价（元）	金额（元）
				请领	实发		
B4001	铁锹		把	3	3	23.00	69
用途	修缮行政办公楼			备注	铁锹采用一次摊销法		

部门主管：李 畅   批料：章剑林   领料人：罗成伟   制单：李 敏

表6-11   领 料 单

领料单位：供电车间   2022年11月12日   发料仓库：4号仓库

编号	材料名称	规格	计量单位	数量		单价（元）	金额（元）
				请领	实发		
B4002	修理用备件		件	5	5	16.80	84
用途	供电设备耗用			备注			

部门主管：李 畅   批料：章剑林   领料人：云 梦   制单：李 敏

表6-12   领 料 单

领料单位：生产车间   2022年11月15日   发料仓库：1号仓库

编号	材料名称	规格	计量单位	数量		单价（元）	金额（元）
				请领	实发		
C1001	煤矸石		千克	17 500	17 500	0.23	4 025
C1002	黏土		千克	13 000	13 000	0.32	4 160
用途	生产多孔砖			备注			

部门主管：李 畅   批料：章剑林   领料人：罗成伟   制单：李 敏

表6-13　　　　　　　　　　　　　　　　领 料 单

领料单位：生产车间　　　　　　　　　2022年11月17日　　　　　　　　发料仓库：2号仓库

编号	材料名称	规格	计量单位	数量		单价（元）	金额（元）
				请领	实发		
C2001	页岩		千克	15 500	15 500	0.75	11 625
C2002	铝硅土		千克	7 000	7 000	2.00	14 000
用途	生产实心砖			备注			

部门主管：李　畅　　　　批料：章剑林　　　　领料人：罗成伟　　　　制单：李　敏

表6-14　　　　　　　　　　　　　　　　领 料 单

领料单位：生产车间　　　　　　　　　2022年11月18日　　　　　　　　发料仓库：3号仓库

编号	材料名称	规格	计量单位	数量		单价（元）	金额（元）
				请领	实发		
C3001	水泥		千克	32 000	32 000	0.45	14 400
用途	生产多孔砖、实心砖			备注			

部门主管：李　畅　　　　批料：章剑林　　　　领料人：罗成伟　　　　制单：李　敏

表6-15　　　　　　　　　　　　　　　　领 料 单

领料单位：供水车间　　　　　　　　　2022年11月20日　　　　　　　　发料仓库：4号仓库

编号	材料名称	规格	计量单位	数量		单价（元）	金额（元）
				请领	实发		
B4003	修理用备件		件	8	8	20.50	164
用途	供水设备耗用			备注			

部门主管：李　畅　　　　批料：章剑林　　　　领料人：张云坤　　　　制单：李　敏

第二步，编制发料凭证汇总表。

无锡鸿运制砖厂财会人员根据领料单（表6-5至表6-15）编制的"发料凭证汇总表"见表6-16。

表6-16　　　　　　　　　　　　　　发料凭证汇总表

2022年11月30日　　　　　　　　　　　　　　单位：元

领料部门及用途	原料及主要材料						周转材料	修理用备件	合 计
	煤矸石	黏土	水泥	页岩	铝硅土	黄沙	铁锹		
1.基本生产车间									104 368
（1）产品生产									104 000
其中：多孔砖	11 500	8 000							19 500
实心砖				28 500	29 000				57 500
产品共同耗用			27 000						27 000
（2）车间一般耗用							368		368
2.辅助生产车间									248
其中：供水车间								164	164
供电车间								84	84
3.企业管理部门			67.5			80	69		216.5
合 计	11 500	8 000	27 067.5	28 500	29 000	80	437	248	104 832.5

第三步，编制材料费用分配表。

在Excel工作表中设计"材料费用分配表"计算模板，根据发料凭证汇总表确定并录入应借科目、直接计入材料费用、共同耗用材料费用及分配标准等有关数据，根据定额耗用量比例分配法原理定义材料费用分配率、分配金额等的计算公式。公式定义完毕后，自动显示结果（见表6-17）。

表6-17　　　　　　　　　　　　　　材料费用分配表

2022年11月30日　　　　　　　　　　　　　金额单位：元

应借科目			直接计入	分配计入			合　　计
总账科目	明细科目	成本费用项目		分配标准	分配率	分配金额	
基本生产成本	多孔砖	直接材料	19 500.00	30 000.00		13 965.00	33 465.00
	空心砖	直接材料	57 500.00	28 000.00		13 035.00	70 535.00
	小 计		77 000.00	58 000.00	0.4655	27 000.00	104 000.00
辅助生产成本	供水车间	机物料消耗	164.00				164.00
	供电车间	机物料消耗	84.00				84.00
	小 计		248.00				248.00

续表

应借科目			直接计入	分配计入			合　计
总账科目	明细科目	成本费用项目		分配标准	分配率	分配金额	
制造费用	基本生产车间	低值易耗品摊销	368.00				368.00
管理费用		维修费	147.50				147.50
		低值易耗品摊销	69.00				69.00
		小　计	216.50				216.50
合　计			77 832.50			27 000.00	104 832.50

主要单元格计算公式说明：

D7=D5+D6　　D10=D8+D9　　D14=D12+D13　　F7=G7/E7　　G5=E5*F7　　　　G6=G7−G5

H5=D5+G5　　H6=D6+G6　　H7=D7+G7 或=H5+H6　　H8=D8　　　　H9=D9

H10=H8+H9　　H11=D11　　H12=D12　　　　H13=D13　　H14=H12+H13　　D15=D7+D10+D11+D14

G15=G7　　　H15=D15+G15 或=H7+H10+H11+H14

第四步，填制记账凭证。

根据审核无误的材料费用分配表编制记账凭证（见表6-18）。

表6-18　　　　　　　　　　　　　　记 账 凭 证

2022 年 11 月 30 日　　　　　　　　记字第　68　号

摘　要	科　目		借方金额											贷方金额											√
	总账科目	明细科目	亿	千	百	十	万	千	百	十	元	角	分	亿	千	百	十	万	千	百	十	元	角	分	
分配材料费用	基本生产成本	多孔砖				3	3	4	6	5	0	0													
		实心砖				7	0	5	3	5	0	0													
	辅助生产成本	供水车间					1	6	4	0	0														
		供电车间						8	4	0	0														
	制造费用	基本生产车间					3	6	8	0	0														
	管理费用						2	1	6	5	0														
	原材料	煤矸石													1	1	5	0	0	0	0			附件13张
		黏土														8	0	0	0	0	0			
		水泥													2	7	0	6	7	5	0			
		页岩														2	8	5	0	0	0			
		铝硅土														2	9	0	0	0	0			
		黄沙																8	0	0	0			
		修理用备件															2	4	8	0	0			
	周转材料	低值易耗品（铁镦）															4	3	7	0	0			
合　计					¥	1	0	4	8	3	2	5	0			¥	1	0	4	8	3	2	5	0	

会计主管：徐文龙　　记账：郑荣　　出纳：　　　　复核：王岚　　制单：郑荣

第五步，登记有关成本费用明细账。

根据上述审核无误的记账凭证登记基本生产成本明细账、辅助生产成本明细账及制造费用明细账（见表6-19至表6-23）。

表6-19　　　　　　　　　　　　　　　　基本生产成本明细账

产品名称：多孔砖

2022年		凭证号数	摘要	合计	成本项目				
月	日				直接材料	直接人工	燃料及动力	制造费用	废品损失
11	1		期初余额	17 407.50	7 953.50	3 654.20	2 314.50	3 485.30	
	30	记68#	分配本月材料费用	33 465.00	33 465.00				
	30	记72#	分配本月职工薪酬费用	30 899.70		30 899.70			
	30	记74#	分配本月外购动力费用	1 312.00			1 312.00		
	30	记92#	分配本月制造费用	38 211.42				38 211.42	
	30	记94#	归集废品损失	84.29	47.29	22.20		14.80	
	30	记96#	结转废品净损失	47.29					47.29
	30		本月合计	121 258.62	41 371.21	34 531.70	3 626.50	41 681.92	47.29
	30	记98#	结转完工产品成本	110 914.83	36 268.14	32 267.70	3 384.02	38 947.68	47.29
	30		月末在产品成本	10 343.79	5 103.07	2 264	242.48	2 734.24	

表6-20　　　　　　　　　　　　　　　　基本生产成本明细账

产品名称：实心砖

2022年		凭证号数	摘要	合计	成本项目				
月	日				直接材料	直接人工	燃料及动力	制造费用	废品损失
11	1		期初余额	12 920.00	5 377.50	2 876.50	1 987.50	2 678.50	
	30	记68#	分配本月材料费用	70 535.00	70 535.00				
	30	记72#	分配本月职工薪酬费用	16 638.30		16 638.30			
	30	记74#	分配本月外购动力费用	984.00			984.00		
	30	记92#	分配本月制造费用	20 575.27				20 575.27	
	30		本月合计	121 652.57	75 912.50	19 514.80	2 971.50	23 253.77	
	30	记98#	结转完工产品成本	105 752.96	63 933.76	17 844.04	2 720.02	21 255.14	
	30		月末在产品成本	15 899.61	11 978.74	1 670.76	251.48	1 998.63	

表6-21　　　　　　　　　　　　　　辅助生产成本明细账

车间名称：供水车间

2022年		凭证号数	摘要	合 计	费用项目					
月	日				材料费	职工薪酬	折旧费	办公费	差旅费	其他
11	30	记68#	分配本月材料费用	164.00	164.00					
	30	记72#	分配本月职工薪酬费用	15 460.00		15 460.00				
	30	记74#	分配本月外购动力费用	361.20						361.20
	30	记79#	计提本月折旧费用	665.20			665.20			
	30	记83#	购买办公用品	75.00				75.00		
	30		本月合计	16 725.40	164.00	15 460.00	665.20	75.00		361.20
	30	记89#记90#	月末分配	16 725.40	164.00	15 460	665.20	75.00		361.20

表6-22　　　　　　　　　　　　　　辅助生产成本明细账

车间名称：供电车间

2022年		凭证号数	摘要	合 计	费用项目					
月	日				材料费	职工薪酬	折旧费	办公费	差旅费	其他
11	30	记68#	分配本月材料费用	84.00	84.00					
	30	记72#	分配本月职工薪酬费用	15 464.00		15 464.00				
	30	记74#	分配本月外购动力费用	330.40						330.40
	30	记79#	计提本月折旧费用	900.40			900.40			
	30	记83#	购买办公用品	75.00				75.00		
	30		本月合计	16 853.80	84.00	15 464.00	900.40	75.00		
	30	记89#记90#	月末分配	16 853.80	84.00	15 464.00	900.40	75.00		

表6-23 制造费用明细账

车间名称：基本生产车间

2022年		凭证号数	摘要	合计	费用项目					
月	日				机物料消耗	职工薪酬	折旧费	办公费	差旅费	其他
11	30	记68#	分配本月材料费用	368.00	368.00					
	30	记72#	分配本月职工薪酬费用	16 062.00		16 062.00				
	30	记74#	分配本月外购动力费用	770.00						770.00
	30	记79#	计提本月折旧费用	7 920.00			7 920.00			
	30	记83#	购买办公用品	95.00				95.00		
	30	记87#	报销差旅费	1 304.00					1 304.00	
	30	记90#	分配本月辅助生产费用	32 267.69						32 267.69
	30		本月合计	58 786.69	368.00	16 062.00	7 920.00	95.00	1 304.00	33 037.69
	30	记92#	月末分配	58 786.69	368.00	16 062.00	7 920.00	95.00	1 304.00	33 037.69

实训二 职工薪酬费用的归集与分配

第一步，取得并审核职工薪酬费用核算的原始数据。

由成本核算人员与相关人员沟通，取得职工工资结算单、工资结算汇总表、产品生产工时统计表、社会保险费计提表等原始凭证，经审核无误后作为职工薪酬费用核算的原始数据依据。

无锡鸿运制砖厂2022年11月份的职工薪酬结算汇总表见表6-24，产品生产工时统计表见表6-25。

表6-24 职工薪酬结算汇总表

2022年11月30日 单位：元

部门及人员类别		应付工资	代扣款项			实发工资
			个人所得税	社会保险费	住房公积金	
基本生产车间	生产工人	47 538.00	76.14	4 991.49	3 327.66	39 142.71
	管理人员	16 062.00	31.86	1 686.51	1 124.34	13 219.29
辅助生产车间	供电车间人员	15 464.00	13.92	1 623.72	1 082.48	12 743.88
	供水车间人员	15 460.00	13.80	1 623.30	1 082.20	12 740.70
行政管理部门	管理人员	21 770.00	53.10	2 285.85	1 523.90	17 907.15
合 计		116 294.00	188.82	12 210.87	8 140.58	95 753.73

制表：毛晓敏 复核：姜 杉

表6-25　　　　　　　　　　　生产工时统计表

2022年11月30日

产品名称	生产工时
多孔砖	2 600
实心砖	1 400
合　计	4 000

第二步，编制职工薪酬费用分配表。

职工薪酬费用分配表是根据职工薪酬结算汇总表，按受益对象将职工薪酬计入有关成本费用的一种原始凭证。对于由几种产品或劳务共同承担的生产工人的薪酬可按生产工时比例分配后计入各产品或劳务生产成本。

在Excel工作表中设计"职工薪酬费用分配表"计算模板，根据职工薪酬结算汇总表、生产工时统计表等原始凭证确定并录入应借科目、直接计入费用、分配计入费用及生产工时等数据，定义费用分配率、分配金额、合计金额等的计算公式。公式定义完毕后，自动显示结果（见表6-26）。

表6-26　　　　　　　　　　　职工薪酬费用分配表

2022年11月30日　　　　　　　　　　　　　　　　　　　　　　金额单位：元

应借科目			直接计入费用	分配计入费用			合计
总账科目	明细科目	成本或费用项目		生产工时	分配率	分配金额	
基本生产成本	多孔砖	直接人工		2 600		30 899.70	30 899.70
	实心砖	直接人工		1 400		16 638.30	16 638.30
	小计			4 000	11.884 5	47 538.00	47 538.00
制造费用	基本生产车间	职工薪酬	16 062.00				16 062.00
辅助生产成本	供电车间	职工薪酬	15 464.00				15 464.00
	供水车间	职工薪酬	15 460.00				15 460.00
	小计		30 924.00				30 924.00
管理费用		职工薪酬	21 770.00				21 770.00
合　　计			68 756.00			47 538.00	116 294.00

主要单元格计算公式说明：

D11=SUM（D9:D10）　D13=D8+D11+D12　E7=SUM（E5：E6）　F7=G7/E7　G5=E5*F7　G6=G7-G5

H5=D5+G5　　　　　H6=D6+G6　　　　H7=H5+H6 或=D7+C7　H8=D8　　H9=D9　　　H10=D10

H11=D11　　　　　H12=D12　　　　　G13=G7　　　　　　　H13=D13+G13 或 H13=H7+H8+H11+H12

第三步，根据审核无误的职工薪酬费用分配表，编制记账凭证（见表6-27）。

表6-27

记 账 凭 证

2022 年 11 月 30 日　　　　　　　　　　　记字第 72 号

摘 要	科 目		借方金额										贷方金额										√
	总账科目	明细科目	亿	千	百	十	万	千	百	十	元	角	分	亿	千	百	十	万	千	百	十	元	角	分	
分配职工薪酬费用	基本生产成本	多孔砖				3	0	8	9	9	7	0													
		实心砖				1	6	6	3	8	3	0													
	辅助生产成本	供电车间				1	5	4	6	4	0	0													
		供水车间				1	5	4	6	0	0	0													
	制造费用	基本生产车间				1	6	0	6	2	0	0													
	管理费用					2	1	7	7	0	0	0													
	应付职工薪酬	工资															1	1	6	2	9	4	0	0	
合 计				¥	1	1	6	2	9	4	0	0			¥	1	1	6	2	9	4	0	0	

附件3张

会计主管：徐文龙　记账：郑荣　出纳：　　　　复核：王岚　制单：郑荣

第四步，登记有关成本费用明细账。

上述记账凭证经审核无误后，据以登记基本生产成本明细账、辅助生产成本明细账及制造费用明细账（见表6-19至表6-23）。

实训三　外购动力费用的归集与分配

第一步，取得外购动力费用核算的原始数据。

由成本核算人员与相关岗位人员沟通，取得各部门耗用动力情况统计表、动力费用支付凭证、产品生产工时等原始凭证，作为外购动力费用核算的原始数据依据。

无锡鸿运制砖厂2022年11月份外购蒸汽发票如图6-3所示，各部门蒸汽耗用量统计表、产品烘制工时统计表分别见表6-28、表6-29。

	江苏增值税专用发票						No 1365892054		
							开票日期：2022 年 11 月 8 日		
购买方	名　称：无锡鸿运制砖厂 纳税人识别号：150443265331234567 地址、电话：无锡市滨湖区太湖西路86号 开户行及账号：建设银行无锡太湖支行6222464654546550					密码区	略		第三联 发票联 购买方记账凭证
货物或应税劳务、服务名称	规格型号	单位	数量	单价	金额	税率	税额		
*供热*蒸汽		吨	15	280.00	4 200.00	13%	546.00		
合 计			⊗人民币肆仟柒佰肆拾陆元整				（小写）¥4 746.00		
销售方	名　称：无锡市大华热力有限公司 纳税人识别号：171626596851234567 地址、电话：无锡市盛岸北路45号 83026578 开户行及账号：建设银行无锡梁溪支行67543320911					备注	无锡市大华热力有限公司 171626596851234567 发票专用章 销售方（章）		
收款人：		复核：		开票人：王晓虎					

图6-3　外购蒸汽发票

表6-28　　　　　　　　　各部门蒸汽耗用量统计表

2022年11月30日　　　　　　　　　　　　　单位：吨

部门	生产产品用汽	取暖用汽	合计
基本生产车间	8.20	2.75	10.95
供水车间		1.29	1.29
供电车间		1.18	1.18
管理部门		1.58	1.58
合计	8.20	6.80	15.00

表6-29　　　　　　　　　烘制工时统计表

2022年11月30日

产品名称	烘制工时
多孔砖	800
实心砖	600
合计	1 400

第二步，编制外购动力费用分配表。

在Excel工作表中设计"外购动力费用分配表"计算模板，根据外购蒸汽发票、各部门蒸汽耗用量汇总表、产品烘制工时统计表等确定并录入应借科目、直接计入费用、共同耗用费用及分配标准等有关数据，定义分配计入费用分配率及分配金额等的计算公式。公式定义完毕后，自动显示结果（见表6-30）。

表6-30　　　　　　　　　外购动力费用分配表

2022年11月30日　　　　　　　　　　　金额单位：元

应借科目			直接计入费用	分配计入费用			合计
总账科目	明细科目	成本费用项目		分配标准	分配率	分配金额	
基本生产成本	多孔砖	燃料及动力		800		1 312	1 312
	实心砖	燃料及动力		600		984	984
	小计			1 400	1.64	2 296	2 296
制造费用	基本生产车间	取暖费	770				770
辅助生产成本	供电车间	取暖费	330.4				330.4
	供水车间	取暖费	361.2				361.2
	小计		691.6				691.6
管理费用		取暖费	442.4				442.4
合计			1 904			2 296	4 200

主要单元格计算公式说明：

D11=D9+D10　　　D13=D8+D11+D12　　　E7=SUM（E5：E6）　　　F7=G7/E7　　　G5=E5*F7

G6=G7－G5　　　G13=G7　　　　　H5=D5+G5　　　H6=D6+G6　　　H7=D7+G7 或 H5+H6

H13=D13+G13 或 H7+H8+H11+H12

第三步，填制记账凭证。

根据审核无误的外购动力费用分配表编制记账凭证（见表6-31）。

表6-31　　　　　　　　　　　　　记 账 凭 证

2022 年 11 月 30 日　　　　　　　　　记字第 74 号

摘　要	科　目		借方金额										贷方金额										√
	总账科目	明细科目	亿	千	百	十	万	千	百	十	元	角	分	亿	千	百	十	万	千	百	十	元	角	分
分配外购动力费用	基本生产成本	多孔砖					1	3	1	2	0	0												
		实心砖						9	8	4	0	0												
	辅助生产成本	供水车间						3	6	1	2	0												
		供电车间						3	3	0	4	0												
	制造费用	基本生产车间						7	7	0	0	0												
	管理费用							4	4	2	4	0												
	应交税费	应交增值税（进项税项）						5	4	6	0	0												
	应付账款																	4	7	4	6	0	0	
合　计					¥	4	7	4	6	0	0					¥	4	7	4	6	0	0	

附件4张

会计主管：徐文龙　　记账：郑 荣　　出纳：　　　　　复核：王 岚　　制单：郑 荣

第四步，登记有关成本费用明细账。

上述记账凭证经审核无误后，据以登记基本生产成本明细账、辅助生产成本明细账及制造费用明细账（见表6-19至表6-23）。

实训四　折旧费用的核算

第一步，取得并审核折旧费用核算的原始数据。

由成本核算人员与相关岗位人员沟通，取得企业固定资产原值明细表，经核对无误后作为编制折旧费用计提表的原始数据依据。

无锡鸿运制砖厂2022年11月末固定资产原值明细表见表6-32。

表6-32　　　　　　　　　　　固定资产原值明细表

2022年11月30日　　　　　　　　　　　　　　　　单位：元

车间、部门	房屋及建筑物	机器设备
基本生产车间	540 000	855 000
供电车间	253 000	49 300
供水车间	186 000	36 650
行政管理部门	350 000	14 600
合计	1 329 000	955 550

注：房屋及建筑物月折旧率为0.2%，机器设备月折旧率为0.8%。

第二步，编制折旧费用计提表。

根据"月折旧额=固定资产原值×月折旧率"计算公式编制直接费用计提表（见表6-33）。

表6-33

固定资产折旧计提表
2022年11月30日

单位：元

部门	房屋及建筑物（月折旧率0.2%）		机器设备（月折旧率0.8%）		合计
	固定资产原值	月折旧额	固定资产原值	月折旧额	
基本生产车间	540 000	1 080	855 000	6 840	7 920
供电车间	253 000	506	49 300	394.4	900.4
供水车间	186 000	372	36 650	293.2	665.2
行政管理部门	350 000	700	14 600	116.8	816.8
合 计	1 329 000	2 658	955 550	7 644.4	10 302.4

第三步，填制记账凭证。

根据审核无误的固定资产折旧计提表编制记账凭证（见表6-34）。

表6-34

记 账 凭 证
2022 年 11 月 30 日

记字第 79 号

摘 要	科 目		借方金额										贷方金额										√
	总账科目	明细科目	亿	千	百	十	万	千	百	十	元	角	分	亿	千	百	十	万	千	百	十	元	角	分	
计提本月固定	制造费用	基本生产车间					7	9	2	0	0	0												
资产折旧费	辅助生产成本	供水车间						6	6	5	2	0												
		供电车间						9	0	0	4	0												
	管理费用	折旧费						8	1	6	8	0												
	累计折旧																1	0	3	0	2	4	0	
合 计						¥	1	0	3	0	2	4	0				¥	1	0	3	0	2	4	0	

附件1张

会计主管：徐文龙   记账：郑荣   出纳：   复核：王岚   制单：郑荣

第四步，登记有关成本费用明细账。

上述记账凭证经审核无误后，据以登记辅助生产成本明细账及制造费用明细账（见表6-21至表6-23）。

实训五   其他费用的核算

第一步，审核有关费用的原始凭证。

（1）购买办公用品。发票及支票存根如图6-4和图6-5所示，办公用品领用登记表见表6-35。

江苏增值税普通发票　　No 2017863260

开票日期：2022年11月8日

购买方	名　　　　称：无锡鸿运制砖厂
	纳税人识别号：150443265331234567
	地址、电话：无锡市滨湖区太湖西路86号
	开户行及账号：建设银行无锡太湖支行6222464654546550

密码区　　略

货物或应税劳务、服务名称	规格型号	单位	数量	单价	金额	税率	税额
*文具*文件袋		只	100	1.00	100.00	3%	3.00
*文具*水笔		盒	12	15.00	180.00	3%	5.40
*文具*胶水		盒	5	12.00	60.00	3%	1.80
*纸制品*笔记本		本	10	23.00	230.00	3%	6.90
*文具*长尾夹		盒	6	20.00	120.00	3%	3.60
合　　计	⊗人民币柒佰壹拾元柒角整				（小写）￥710.70		

销售方	名　　　　称：无锡市晨美文化用品公司
	纳税人识别号：171626596855671234
	地址、电话：无锡市太湖东路172号85866218
	开户行及账号：建设银行滨湖支行4328954223901

备注

无锡市晨美文化用品公司
171626596855671234
发票专用章

收款人：　　　　复核：　　　　开票人：王菲　　　销售方：（章）

第二联　发票联　购买方记账凭证

图6-4　购货发票

中国建设银行
转账支票存根

支票号码　ⅩⅡ4151411

科　　目_____
对方科目_____
签发日期　2022年11月8日

| 收款人：无锡市晨美文化用品公司 |
| 金　额：￥710.70 |
| 用　途：购买办公用品 |
| 备　注： |

单位主管　　　会计

图6-5　转账支票存根

表6-35　　　　　　　　　办公用品领用登记表

日期	物品名称	领用数量	领用部门	领用人	备注
11.10	文件袋	50只	办公室	张静	
11.10	水笔	4盒	办公室	张静	

续表

日期	物品名称	领用数量	领用部门	领用人	备注
11.10	胶水	1盒	办公室	张静	
11.10	笔记本	4本	办公室	张静	
11.10	长尾夹	1盒	办公室	张静	
11.12	文件袋	30只	财务部	李美华	
11.12	水笔	4盒	财务部	李美华	
11.12	胶水	1盒	财务部	李美华	
11.12	笔记本	3本	财务部	李美华	
11.12	长尾夹	2盒	财务部	李美华	
11.15	文件袋	10只	基本生产车间	刘思文	
11.15	水笔	2盒	基本生产车间	刘思文	
11.15	胶水	1盒	基本生产车间	刘思文	
11.15	笔记本	1本	基本生产车间	刘思文	
11.15	长尾夹	1盒	基本生产车间	刘思文	
11.15	文件袋	5只	供电车间	闫大明	
11.15	水笔	1盒	供电车间	闫大明	
11.15	胶水	1盒	供电车间	闫大明	
11.15	笔记本	1本	供电车间	闫大明	
11.15	长尾夹	1盒	供电车间	闫大明	
11.15	文件袋	5只	供水车间	戴堃	
11.15	水笔	1盒	供水车间	戴堃	
11.15	胶水	1盒	供水车间	戴堃	
11.15	笔记本	1本	供水车间	戴堃	
11.15	长尾夹	1盒	供水车间	戴堃	

（2）报销差旅费。相关原始凭证见表6-36、表6-37。

表6-36 　　　　　　　　　　　差旅费报销单 　　　　　　　　编号：NO.63129084

报销部门：办公室 　　　　　　　　2022年11月15日 　　　　　　　　　金额单位：元

出差人						李向前		出差事由		开会		附件张数		5 张
出发			到达			交通工具	交通费		出差补贴			其他费用		
月	日	地点	月	日	地点		单据张数	金额	天数	补贴标准（天/人）	金额	项目	单据张数	金额
11	5	无锡	11	5	西安	火车	1	625.00	4	100.00	400.00	住宿费	1	760.00
11	8	西安	11	8	无锡	火车	1	625.00				市内交通费	2	54.00
												邮电费		
												其他		
小 计								1 250.00			400.00			814.00
报销总额（大写）：			贰仟肆佰陆拾肆元整								预借金额：			
											应退（补）金额：			

单位负责人：刘明贤 　　　审核：李澜 　　　部门主管：张福林 　　　报销人：李向前

表6-37 　　　　　　　　　　　差旅费报销单 　　　　　　　　编号：NO.63129087

报销部门：基本生产车间 　　　　　　2022年11月20日 　　　　　　　　　金额单位：元

出差人						向楠、雷鹏		出差事由		技术培训		附件张数		7 张
出发			到达			交通工具	交通费		出差补贴			其他费用		
月	日	地点	月	日	地点		单据张数	金额	天数	补贴标准（天/人）	金额	项目	单据张数	金额
11	15	无锡	11	15	上海	火车	2	59.50	3	100.00	600.00	住宿费	1	560.00
11	17	上海	11	17	无锡	火车	2	59.50				市内交通费	2	25.00
												邮电费		
												其他		
小 计								119.00			600.00			585.00
报销总额（大写）：			壹仟叁佰零肆元整								预借金额：			
											应退（补）金额：			

单位负责人：刘明贤 　　　审核：李澜 　　　部门主管：王凤菊 　　　报销人：雷鹏

第二步，编制记账凭证。根据审核无误的费用凭证编制记账凭证（见表6-38、表6-39）。

表6-38

记 账 凭 证

2022 年 11 月 30 日　　　　　　　　　　　记字第 83 号

摘　要	科　目		借方金额										贷方金额										√
	总账科目	明细科目	亿	千	百	十	万	千	百	十	元	角	分	亿	千	百	十	万	千	百	十	元	角	分	
购买办公用品	制造费用	基本生产车间（办公费）							9	5	0	0													附件3张
	辅助生产成本	供水车间（办公费）							7	5	0	0													
		供电车间（办公费）							7	5	0	0													
	管理费用	办公费						4	4	5	0	0													
	应交税费	应交增值税（进项税额）							2	0	7	0													
	银行存款																	7	1	0	7	0			
合　　计							¥	7	1	0	7	0						¥	7	1	0	7	0		

会计主管：徐文龙　　记账：郑荣　　出纳：　　　　复核：王岚　　制单：郑荣

表6-39

记 账 凭 证

2022 年 11 月 30 日　　　　　　　　　　　记字第 87 号

摘　要	科　目		借方金额										贷方金额										√
	总账科目	明细科目	亿	千	百	十	万	千	百	十	元	角	分	亿	千	百	十	万	千	百	十	元	角	分	
报销差旅费	制造费用	基本生产车间（差旅费）					1	3	0	4	0	0													附件14张
	管理费用	差旅费					2	4	6	4	0	0													
	库存现金																	3	7	6	8	0	0		
合　　计							¥	3	7	6	8	0	0					¥	3	7	6	8	0	0	

会计主管：徐文龙　　记账：郑荣　　出纳：　　　　复核：王岚　　制单：郑荣

第三步，登记有关成本费用明细账。

上述记账凭证经审核无误后，据以登记辅助生产成本明细账和制造费用明细账（见表6-21至表6-23）。

任务二　辅助生产费用分配的核算

一、实训目标

1. 掌握辅助生产费用归集的核算
2. 掌握辅助生产费用分配的核算

二、实训内容与要求

1. 能根据辅助生产成本明细账记录正确归集本期辅助生产费用发生额
2. 能正确、熟练地利用 Excel 工具填制辅助生产费用分配表
3. 能按照企业会计准则和《企业产品成本核算制度（试行）》的规定，根据辅助生产费用分配表正确、熟练地编制记账凭证
4. 能按照账簿登记规范，根据所编制的记账凭证正确、熟练地登记基本生产成本、辅助生产成本及制造费用明细账

三、实训材料

1. 劳务供应通知单
2. 辅助生产费用分配表
3. 通用记账凭证
4. 基本生产成本明细账、辅助生产成本明细账、制造费用明细账

四、实训步骤

实训一　归集辅助生产费用

月末，根据辅助生产成本明细账记录，归集本月辅助生产费用的发生额见表6-21、表6-22（辅助生产成本明细账）中的"本月合计"。

实训二　分配辅助生产费用

第一步，取得辅助生产车间产品或劳务供应量资料。

根据辅助生产车间对外提供产品或劳务的原始凭证，按受益单位及受益数量进行统计、汇总后编制产品或劳务供应汇总表（见表6-40、表6-41）。

表6-40　　　　　　　　　　产品或劳务供应汇总表

车间名称：供电车间　　　　　　　　2022年11月30日

受益单位	基本生产车间	供水车间	行政管理部门	合计
受益数量（度）	25 386.20	6 183.50	2 137.90	33 707.60

表6-41　　　　　　　　　　　　产品或劳务供应汇总表

车间名称：供水车间　　　　　　　　　　2022年11月30日

受益单位	基本生产车间	供电车间	行政管理部门	合计
受益数量（吨）	12 540.10	725.00	115.22	13 380.32

第二步，编制辅助生产费用分配表。

在Excel工作表中设计"辅助生产费用分配表"计算模板，根据辅助生产成本明细账结计的本月费用发生额和产品或劳务供应汇总表录入待分配费用及各受益单位受益数量等数据，根据交互分配法原理定义费用分配率、分配金额等的计算公式。公式定义完毕后，自动显示结果（见表6-42）。

表6-42　　　　　　　　　辅助生产费用分配表（一次交互分配法）

2022年11月30日　　　　　　　　　　　　　　　　　　金额单位：元

项　目			交互分配		对外分配		
辅助生产车间名称			供电车间	供水车间	供电车间	供水车间	合　计
待分配辅助生产费用			16 853.80	16 725.40	14 668.30	18 910.90	33 579.20
劳务供应数量			33 707.60	13 380.32	27 524.10	12 655.32	
费用分配率（单位成本）			0.50	1.25	0.5329	1.4943	
辅助生产车间	供电车间	耗用数量		725.00			
		分配金额		906.25			
	供水车间	耗用数量	6 183.50				
		分配金额	3 091.75				
基本生产车间		耗用数量			25 386.20	12 540.10	
		分配金额			13 528.96	18 738.73	32 267.69
管理部门		耗用数量			2 137.90	115.22	
		分配金额			1 139.34	172.17	1 311.51
合　计					14 668.30	18 910.90	33 579.20

主要单元格计算公式说明：

D7=D5/D6	D11=D10*D7	E7=E5/E6	E9=E8*E7	F5=D5+E9-D11
G5=E5+D11-E9	F6=D6-D10	G6=E6-E8	F7=F5/F6	G7=G5/G6
F13=F12*F7	F15=F14*F7	F16=F13+F15	G13=G12*G7	G15=G14*G7
G16=G13+G15	H5=D5+E5 或=F5+G5	H13=F13+G13	H15=F15+G15	H16=H13+H15

第三步，编制记账凭证。

根据审核无误的辅助生产费用分配表，编制记账凭证（见表6-43和表6-44）。

表6-43

记 账 凭 证

2022 年 11 月 30 日 　　　　　　　　 记字第 89 号

摘　要	科　目		借方金额											贷方金额											√
	总账科目	明细科目	亿	千	百	十	万	千	百	十	元	角	分	亿	千	百	十	万	千	百	十	元	角	分	
辅助生产费用交互分配	辅助生产成本	供水车间					3	0	9	1	7	5													
		供电车间						9	0	6	2	5													
	辅助生产成本	供电车间																3	0	9	1	7	5	
		供水车间																	9	0	6	2	5	
合　计					￥	3	9	9	8	0	0					￥	3	9	9	8	0	0		

附件1张

会计主管：徐文龙　　记账：郑荣　　出纳：　　　　　复核：王岚　　制单：郑荣

表6-44

记 账 凭 证

2022 年 11 月 30 日 　　　　　　　　 记字第 90 号

摘　要	科　目		借方金额											贷方金额											√
	总账科目	明细科目	亿	千	百	十	万	千	百	十	元	角	分	亿	千	百	十	万	千	百	十	元	角	分	
辅助生产费用对外分配	制造费用	基本生产车间					3	2	2	6	7	6	9												
	管理费用							1	3	1	1	5	1												
	辅助生产成本	供电车间																1	4	6	6	8	3	0	
		供水车间																1	8	9	1	0	9	0	
合　计					￥	3	3	5	7	9	2	0				￥	3	3	5	7	9	2	0		

附件1张

会计主管：徐文龙　　记账：郑荣　　出纳：　　　　　复核：王岚　　制单：郑荣

　　第四步，登记有关成本费用明细账。

　　上述记账凭证经审核无误后，据以登记辅助生产成本明细账及制造费用明细账（见表6-21至表6-23）。

任务三　制造费用分配的核算

一、实训目标

1.掌握制造费用归集的核算

2.掌握制造费用分配的核算

二、实训内容与要求

1.能根据制造费用明细账记录正确归集本期制造费用发生额

2.能正确、熟练地利用Excel工具填制制造费用分配表

3.能按照企业会计准则和《企业产品成本核算制度（试行）》的规定，根据制造费用分配表正确、熟练地编制记账凭证

4.能根据所编制的记账凭证规范、熟练地登记基本生产成本、制造费用明细账

三、实训材料

1.制造费用分配表

2.通用记账凭证

3.基本生产成本明细账、制造费用明细账

四、实训步骤

实训一　归集制造费用

月末，根据制造费用明细账记录，归集本月制造费用的发生额，见表6-23（制造费用明细账）中的"本月合计"。

实训二　分配制造费用

第一步，取得基本生产车间产品生产工时资料。

基本生产车间提供的产品生产工时资料见表6-4（产品产量及工时统计表）。

第二步，编制制造费用分配表。

在Excel工作表中设计"制造费用分配表"计算模板，根据制造费用明细账归集的本月制造费用发生额及基本生产车间提供的产品生产工时资料确定并录入待分配制造费用（金额合计）、借方科目及生产工时数据，根据生产工时比例分配法原理定义费用分配率、分配金额的计算公式。公式定义完毕后，自动显示结果（见表6-45）。

表6-45　　　　　　　　　　　制造费用分配表

2022年11月30日　　　　　　　　　　　　　　　金额单位：元

借方科目	生产工时	分配率	金额
基本生产成本——多孔砖	2 600		38 211.42
基本生产成本——实心砖	1 400		20 575.27
合　　计	4 000	14.6967	58 786.69

主要单元格计算公式说明：

B6=SUM（B4：B5）　C6=D6/B6　　D4=B4*C6　　D5=D6-D4

第三步，编制记账凭证。

根据审核无误的制造费用分配表编制记账凭证（见表6-46）。

表6-46

记账凭证

2022 年 11 月 30 日 记字第 _92_ 号

摘 要	科 目		借方金额										贷方金额										√
	总账科目	明细科目	亿	千	百	十	万	千	百	十	元	角	分	亿	千	百	十	万	千	百	十	元	角	分
分配制造费用	基本生产成本	多孔砖				3	8	2	1	1	4	2												
		实心砖				2	0	5	7	5	2	7												
	制造费用	基本生产车间														5	8	7	8	6	6	9	
合 计					¥	5	8	7	8	6	6	9			¥	5	8	7	8	6	6	9	

附件1张

会计主管：徐文龙　记账：郑荣　出纳：　　　复核：王岚　制单：郑荣

第四步，登记有关成本费用明细账。

上述记账凭证经审核无误后，据以登记基本生产成本明细账及制造费用明细账（见表6-19、表6-20和表6-23）。

任务四　废品损失的核算

一、实训目标

1.熟悉废品损失的确定

2.掌握废品损失的核算

二、实训内容与要求

1.能正确填制废品损失计算表

2.能按照企业会计准则和《企业产品成本核算制度（试行）》的规定，根据废品损失计算表等原始凭证正确、熟练地编制记账凭证

3.能按照账簿登记规范，正确、熟练地登记基本生产成本明细账

三、实训材料

1.废品损失计算表

2.通用记账凭证

3.基本生产成本明细账

四、实训步骤

第一步，取得有关废品损失的原始凭证。

收到质检部门转来的废品通知单（见表6-47）。单位产品材料费用、人工费用及制造费用定额见表6-2和表6-3。

表6-47   废品通知单
                                  2022年11月30日   金额单位：元

申报部门	基本生产车间		日期：11月30日		废品类型：可修复废品		
产品名称	单位	数量	其中		残值	赔偿	损失金额
			工废	料废			
多孔砖	块	148	148		37.00		47.29
合计					37.00		47.29
废品处理意见	废品残料做原料						

第二步，编制废品损失计算表。

采用废品损失按定额成本计算法编制废品损失计算表（见表6-48）。

表6-48   废品损失计算表

产品名称：多孔砖   2022年11月30日   废品数量：148 块
车间：基本生产车间   金额单位：元

项　目	直接材料	定额工时	直接人工	制造费用	合计
单位产品的费用定额	0.3195	1.0	0.15	0.10	0.5695
废品的定额成本	47.29		22.20	14.80	84.29
减：残值					37.00
废品损失					47.29

审核：刘　涛   制单：王　梅

第三步，编制记账凭证。

根据审核无误的废品损失计算表编制记账凭证（见表6-49至表6-51）。

第四步，登记有关成本费用明细账。

上述记账凭证经审核无误后，据以登记基本生产成本明细账及废品损失明细账（见表6-19、表6-52）。

表6-49

记 账 凭 证

2022 年 11 月 30 日

记字第 _94_ 号

摘 要	科 目		借方金额											贷方金额											√
	总账科目	明细科目	亿	千	百	十	万	千	百	十	元	角	分	亿	千	百	十	万	千	百	十	元	角	分	
归集废品损失	废品损失	多孔砖						8	4	2	9														
	基本生产成本	多孔砖																	8	4	2	9			
合 计								¥	8	4	2	9							¥	8	4	2	9		

附件2张

会计主管：徐文龙　　记账：郑荣　　出纳：　　　　复核：王岚　　制单：郑荣

表6-50

记 账 凭 证

2022 年 11 月 30 日

记字第 _95_ 号

摘 要	科 目		借方金额											贷方金额											√
	总账科目	明细科目	亿	千	百	十	万	千	百	十	元	角	分	亿	千	百	十	万	千	百	十	元	角	分	
核算废品残料价值	原材料								3	7	0	0													
	废品损失	多孔砖																		3	7	0	0		
合 计									¥	3	7	0	0							¥	3	7	0	0	

附件2张

会计主管：徐文龙　　记账：郑荣　　出纳：　　　　复核：王岚　　制单：郑荣

表6-51

记 账 凭 证

2022 年 11 月 30 日　　　　　　　　　　　　　　记字第 _96_ 号

摘　要	科　目		借方金额										贷方金额										√
	总账科目	明细科目	亿	千	百	十	万	千	百	十	元	角	分	亿	千	百	十	万	千	百	十	元	角	分	
结转废品净损失	基本生产成本	多孔砖 (废品损失)								4	7	2	9												
	废品损失	多孔砖																			4	7	2	9	
合　计									¥	4	7	2	9							¥	4	7	2	9	

附件2张

会计主管：徐文龙　　　记账：郑 荣　　　出纳：　　　　　　复核：王 岚　　　制单：郑 荣

表6-52　　　　　　　　　　　　　废品损失明细账

产品名称：多孔砖

2022年		凭证 号数	摘要	借方	贷方	借或贷	余额
月	日						
11	30	记字94#	归集废品损失	84.29		借	84.29
	30	记字95#	核算废品残料价值		37.00	借	47.29
	30	记字96#	结转废品净损失		47.29	平	0

任务五　计算并结转完工产品成本

一、实训目标

1.熟悉生产费用在完工产品与在产品之间分配的方法

2.掌握完工产品成本的计算

二、实训内容与要求

1.能正确、熟练地利用Excel工具计算完工产品与月末在产品的成本、填制产品成本计算单

2.能正确填制完工产品成本汇总表

3.能按照企业会计准则和《企业产品成本核算制度（试行）》的规定，根据产品成本计算单、完工产品成本汇总表、产品入库单等原始凭证正确、熟练地编制记账凭证

4.能按照账簿登记规范，根据记账凭证正确、熟练地登记基本生产成本明细账

三、实训材料

1.产品成本计算单
2.完工产品成本汇总表
3.入库单
4.通用记账凭证
5.基本生产成本明细账

四、实训步骤

第一步，填写各品种产品成本计算单。

在 Excel 工作表中设计"产品成本计算单"计算模板，根据基本生产成本明细账录入"月初在产品成本""本月生产费用"数据；根据产品产量资料（见表6-4）及在产品完工程度确定并录入完工产品数量、月末在产品约当产量。根据约当产量比例分配法原理定义费用分配率、完工产品与月末在产品分配金额等的计算公式。公式定义完毕后，自动显示结果（见表6-53和表6-54）。

表6-53　　　　　　　　　　　　　产品成本计算单

产品名称：多孔砖　　　　　　　　　2022年11月30日　　　　　　　　　金额单位：元

项　目	直接材料	直接人工	燃料及动力	制造费用	废品损失	合计
月初在产品成本	7 953.50	3 654.20	2 314.50	3 485.30		17 407.50
本月生产费用	33 417.71	30 877.50	1 312.00	38 196.62	47.29	103 851.12
生产费用合计	41 371.21	34 531.70	3 626.50	41 681.92	47.29	121 258.62
完工产品数量	125 800	125 800	125 800	125 800	125 800	
月末在产品约当产量	17 700	8 850	8 850	8 850		
完工数量及约当产量合计	143 500	134 650	134 650	134 650	125 800	
费用分配率	0.2883	0.2565	0.0269	0.3096	0.0004	0.8817
完工产品成本	36 268.14	32 267.70	3 384.02	38 947.68	47.29	110 914.83
月末在产品成本	5 103.07	2 264.00	242.48	2 734.24		10 343.79

主要单元格计算公式说明：

B10=B6/B9	C10=C6/C9	D10=D6/D9	E10=E6/E9	F10=F6/F9	G10=SUM（B10：F10）
B11=B7*B10	C11=C7*C10	D11=D7*D10	E11=E7*E10	F11=F7*F10	G11=SUM（B11：F11）
B12=B6-B11	C12=C6-C11	D12=D6-D11	E12=E6-E11	F12=F6-F11	G12=SUM（B12：F12）

表6-54   产品成本计算单

产品名称：实心砖   2022年11月30日   金额单位：元

项 目	直接材料	直接人工	燃料及动力	制造费用	合 计
月初在产品成本	5 377.50	2 876.50	1 987.50	2 678.50	12 920.00
本月生产费用	70 535.00	16 638.30	984.00	20 575.27	108 732.57
生产费用合计	75 912.50	19 514.80	2 971.50	23 253.77	121 652.57
完工产品数量	88 600	88 600	88 600	88 600	
月末在产品约当产量	16 600	8 300	8 300	8 300	
完工数量及约当产量合计	105 200	96 900	96 900	96 900	
费用分配率	0.7216	0.2014	0.0307	0.2399	1.1936
完工产品成本	63 933.76	17 844.04	2 720.02	21 255.14	105 752.96
月末在产品成本	11 978.74	1 670.76	251.48	1 998.63	15 899.61

主要单元格计算公式说明：
B10=B6/B9   C10=C6/C9   D10=D6/D9   E10=E6/E9   F10=SUM（B10：E10）
B11=B7*B10   C11=C7*C10   D11=D7*D10   E11=E7*E10   F11=SUM（B11：E11）
B12=B6-B11   C12=C6-C11   D12=D6-D11   E12=E6-E11   F12=SUM（B12：E12）

第二步，填写完工产品成本汇总表。

根据产品成本计算单填写完工产品成本汇总表（见表6-55）。

表6-55   完工产品成本汇总表

2022年11月30日   金额单位：元

产品名	产量（块）	直接材料	直接人工	燃料及动力	制造费用	废品损失	总成本	单位成本
多孔砖	125 800	36 268.14	32 267.70	3 384.02	38 947.68	47.29	110 914.83	0.88
实心砖	88 600	63 933.76	17 844.04	2 720.02	21 255.14		105 752.96	1.19
合 计		100 201.90	50 111.74	6 104.04	60 202.82	47.29	216 667.79	—

第三步，结转完工产品成本。

根据审核无误的产品成本计算单、完工产品成本汇总表及产品入库单（见表6-56）
编制记账凭证（见表6-57）。

表6-56   产品入库单

仓库：产成品仓库   2022年11月30日   NO.34582190

种类	产品名称	规格	单位	数量	单位成本	千	百	十	万	千	百	十	元	角	分	
	多孔砖		块	125 800	0.88		1	1	0	9	1	4	8	3		第三联 财务记账
	实心砖		块	88 600	1.19		1	0	5	7	5	2	9	6		
备 注				合 计		¥	2	1	6	6	6	7	7	9		

验收：李大立   填单：王 明

表6-57

记 账 凭 证

2022 年 11 月 30 日　　　　　　　　记字第 _98_ 号

摘　要	科目		借方金额											贷方金额											√
	总账科目	明细科目	亿	千	百	十	万	千	百	十	元	角	分	亿	千	百	十	万	千	百	十	元	角	分	
结转完工产品成本	库存商品	多孔砖			1	1	0	9	1	4	8	3													
		实心砖			1	0	5	7	5	2	9	6													
	基本生产成本	多孔砖														1	1	0	9	1	4	8	3		
		实心砖														1	0	5	7	5	2	9	6		
合　计				¥	2	1	6	6	6	7	7	9			¥	2	1	6	6	6	7	7	9		

附件4张

会计主管：徐文龙　　记账：郑荣　　出纳：　　　　　复核：王岚　　制单：郑荣

　　第四步，登记有关成本费用明细账。

　　上述记账凭证经审核无误后，据以登记基本生产成本明细账，见表6-19、表6-20。

项目七

产品成本核算的一般分批法

思政引导

敦煌的女儿——樊锦诗

樊锦诗，女，汉族，中共党员，浙江杭州人，1938年7月出生于北京。曾任敦煌研究院院长，现任敦煌研究院名誉院长、研究馆员，兰州大学兼职教授、敦煌学专业博士生导师。自1963年从北京大学毕业后已在敦煌研究院坚持工作40余年，被誉为"敦煌女儿"。其主要致力于石窟考古、石窟科学保护和管理。

樊锦诗1963年毕业于北京大学历史系考古学专业，同年9月到敦煌文物研究所，1977年任副所长，1984年8月任敦煌研究院副院长，1998年4月任敦煌研究院院长，2015年1月起任敦煌研究院名誉院长；1988年任副研究员，1994年任研究员；1995年为兰州大学兼职教授，1998年为兰州大学敦煌学专业博士生导师，1999年被聘为教育部人文社会科学重点研究基地兰州大学敦煌研究所名誉所长、学术委员会副主任，兼任中国敦煌吐鲁番学会副会长。

40余年来，樊锦诗潜心于石窟考古研究工作。她运用考古类型学的方法，完成了敦煌莫高窟北朝、隋及唐代前期的分期断代，成为学术界公认的敦煌石窟分期排年成果。她撰写的《敦煌石窟研究百年回顾与瞻望》，是对20世纪敦煌石窟研究的总结和思考。由她主编，商务印书馆（香港）有限公司出版的26卷大型丛书《敦煌石窟全集》则是百年敦煌石窟研究的集中展示。

为了敦煌，樊锦诗和丈夫两地分居长达19年，两个儿子出生后都没有得到很好的照料，但她却视敦煌石窟的安危如生命，扎根大漠，潜心石窟考古研究和创新管理，完成了敦煌莫高窟的分期断代、构建"数字敦煌"等重要文物研究和保护工程。她还推动立法和制定莫高窟总体保护规划，按百年大计千年大计来规范敦煌保护。

2019年，她被授予"文物保护杰出贡献者"国家荣誉称号和最美奋斗者称号。81岁的樊锦诗一直在为敦煌忙碌着……

资料来源：佚名. 2019—2020感动中国十大人物颁奖词及事迹［EB/OL］.［2020-05-18］. https://www.ruyile.com/data/r326415.

问题：对于坚守职业操守，樊锦诗的事迹给了我们财务人员什么样的启示？

启示：坚守职业操守就是不忘初心，坚守岗位，持之以恒，忠于职守。樊锦诗一个江南女子，常年据守漠北，甘守清贫，爱岗敬业，恪守工匠精神，显得尤为可贵。作为会计人，也应该学习这种精神，热爱本职工作，秉承认真负责的态度，对待工作敬业、精益、专注、力求创新。

一、实训目标

1. 理解一般分批法的特点和适用范围
2. 理解并掌握一般分批法的核算程序

3.能够运用一般分批法正确计算企业产品成本

二、实训内容与要求

1.能正确、熟练地进行要素费用归集与分配的核算
2.能正确、熟练地进行辅助生产费用归集与分配的核算
3.能正确、熟练地进行制造费用归集与分配的核算
4.能正确、熟练地计算出完工产品成本及月末在产品成本，并进行账务处理

三、实训操作流程

一般分批法的操作流程如图7-1所示。

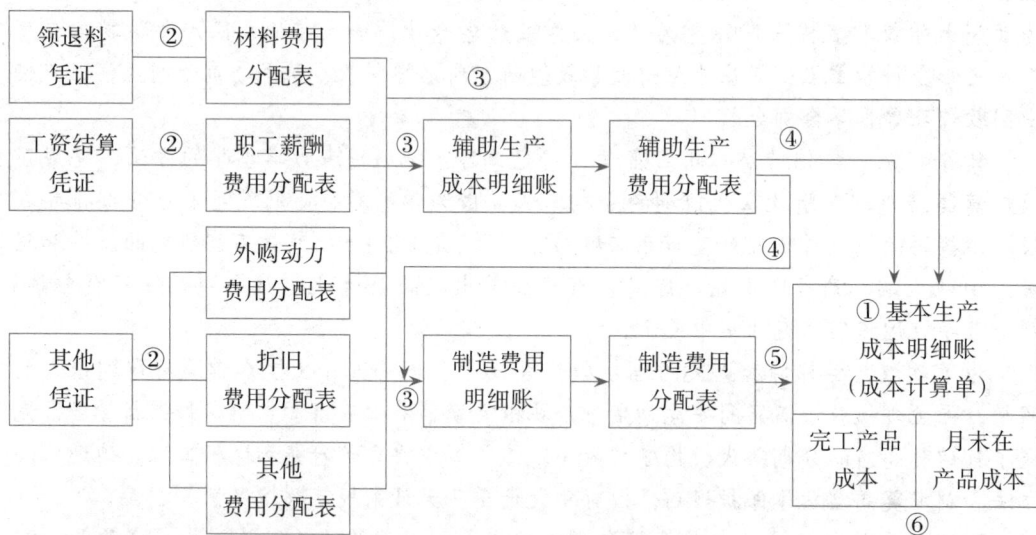

图7-1　一般分批法操作流程

1.能按照产品生产批别开设基本生产成本明细账；
2.能根据各要素费用原始凭证编制各要素费用分配表；
3.能根据各要素费用分配表编制记账凭证，并登记各批别产品基本生产成本明细账、辅助生产成本明细账、制造费用明细账等成本费用明细账；
4.能分配辅助生产费用并登记相关成本费用明细账；
5.能分配制造费用并登记相关成本费用明细账；
6.能计算完工产品及在产品成本。

四、业务案例

（一）企业成本核算概况

无锡伶俐服装厂（简称伶俐服装厂）属于外贸服装企业，按生产订单生产外贸出口服装。该厂设有三个流水线车间（裁剪车间、缝制车间、整形车间）和一个辅助生产车间：供气车间。裁剪车间的生产任务是将布料按照服装样板进行裁剪，然后将裁剪好的布料送到缝制车间进行下一步加工，将布料做成成衣，最后将成衣送到整形车间进行熨

烫、定型、包装等工序处理，经检验合格后形成产成品。供气车间为全厂提供供气服务。该厂产品生产工艺流程如图7-2所示。

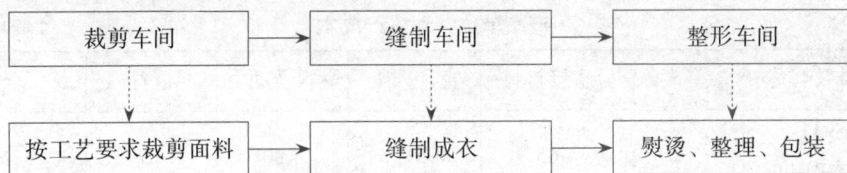

图7-2 服装生产工艺

根据产品生产特点和企业成本管理要求，伶俐服装厂采用一般分批法核算产品成本。产品成本核算要求如下：

1.按产品生产批别设置"基本生产成本"明细账，按直接材料、直接人工、燃料及动力、制造费用四个成本项目设置专栏；产品生产过程中原材料在生产开始时一次性投入，产品所需的辅助材料、包装材料等随着生产进度逐步投入，原材料、辅助材料及包装材料费用直接计入各批产品成本；直接人工、燃料及动力、制造费用按生产工人工时定额比例进行分配。

2.产品成本计算单按产品批号设置，月末不在完工产品和在产品之间分配费用，一批产品全部完工后，计算该批产品完工产品总成本和单位成本；若一批产品跨月陆续完工，完工产品成本于月末按计划成本结转。

3.供气车间不设置"制造费用"账户，发生的各项费用直接通过"辅助生产成本——供气车间"账户核算，月末按提供的劳务量将费用采用直接分配法分配给各受益单位。

（二）2022年6月初有关成本资料

生产批号为210401的全棉家居服于2022年4月20日根据生产订单投产2 000套，4月份没有完工产品，5月份生产完工产品1 000套，每套按计划单位生产成本135.80元结转，6月初有在产品1 000套。

生产批号为210501的真丝衬衫于2022年5月接到订单3 600件，5月25日根据生产订单先投产1 200件，5月份全部未完工，6月初有在产品1 200件。

1.月初在产品成本资料

月初在产品成本明细资料见表7-1。

表7-1　　　　　　　　　　　　期初在产品成本明细表　　　　　　　　　金额单位：元

产品批号及名称	单位	数量	直接材料	直接人工	燃料及动力	制造费用	合计
210401批 （全棉家居服）	套	1 000	65 000	37 300	2 700	4 400	109 400
210501批 （真丝衬衫）	件	1 200	81 730	34 100	5 750	15 880	137 460
合计			146 730	71 400	8 450	20 280	246 860

2.单位计划生产成本资料

产品单位计划生产成本资料见表7-2。

表7-2　　　　　　　　　　　　产品单位计划生产成本　　　　　　　　　金额单位：元

产品批号及名称	单位	直接材料	直接人工	燃料及动力	制造费用	合计
210401批 （全棉家居服）	套	65	51	4.80	15	135.80
210501批 （真丝衬衫）	件	70	57	7	28	162

3.本月生产情况

（1）生产批号为210401的全棉家居服6月份生产完工产品1 000套，该产品截至6月份已全部完工。

（2）生产批号为210501的真丝衬衫6月份又投入生产2 400件，本月完工2 600件，另1 000件仍在车间进行加工。

（3）生产批号为210601的男式牛仔服，6月5日根据生产订单投产1 000件，当月投产当月全部完工。

各批产品产量及工时定额情况见表7-3。

表7-3　　　　　　　　　　　　产品产量及工时定额统计表

产品名称及批号	210401批 全棉家居服（套）	210501批 真丝衬衫（件）	210601批 男式牛仔服（件）	合计
月初在产品	1 000	1 200		—
本月投产		2 400	1 000	—
本月完工	1 000	2 600	1 000	—
月末在产品		1 000		—
工时定额	1 800	19 000	4 200	25 000

任务一　要素费用的归集与分配

一、实训目标

1.掌握材料费用归集与分配的核算

2.掌握职工薪酬费用归集与分配的核算

3.掌握燃料及动力费用归集与分配的核算

4.掌握计提折旧费用的核算

5.掌握其他费用的核算

二、实训内容与要求

1.能根据相关费用发生的原始凭证正确、熟练地编制发料凭证汇总表、材料费用分配表、薪酬费用分配表、燃料及动力费用分配表、固定资产折旧计提表等

2.能根据上述费用分配表或费用发生凭证正确、熟练地编制记账凭证

3.能根据所编制的记账凭证规范、熟练地登记基本生产成本、辅助生产成本及制造费用明细账

三、实训材料

1.领料单、退料单、发料凭证汇总表

2.工资结算汇总表

3.材料费用分配表

4.薪酬费用分配表

5.燃料及动力费用分配表

6.折旧计提表

7.其他费用凭证

8.通用记账凭证

9.基本生产成本明细账、辅助生产成本明细账、制造费用明细账

四、实训步骤

实训一　材料费用的归集与分配

第一步，取得领料单等领料凭证。

2022年6月30日，伶俐服装厂财会部门收到仓库转来的领料单（见表7-4至表7-11）。

表7-4

领 料 单

2022年6月5日

领料单位：生产车间　　　　　　　　　发料仓库：1号仓库

编号	材料名称	规格	计量单位	数量		单价（元）	金额（元）
				请领	实发		
	真丝布		米	3 840	3 840	42.5	163 200
用途	生产210501批真丝衬衫用			备注			

部门主管：顾晓华　　　批料：章建设　　　领料人：吴云保　　　制单：李　强

表7-5　　　　　　　　　　　　　　领 料 单

2022年6月8日

领料单位：生产车间　　　　　　　　　　　发料仓库：1号仓库

| 编号 | 材料名称 | 规格 | 计量单位 | 数量 | | 单价（元） | 金额（元） |
				请领	实发		
	牛仔布		米	1 600	1 600	33.125	53 000
用途	生产210601批男式牛仔服用			备注			

部门主管：顾晓华　　　　批料：章建设　　　　领料人：吴云保　　　　制单：李　强

表7-6　　　　　　　　　　　　　　领 料 单

2022年6月5日

领料单位：生产车间　　　　　　　　　　　发料仓库：2号仓库

| 编号 | 材料名称 | 规格 | 计量单位 | 数量 | | 单价（元） | 金额（元） |
				请领	实发		
	缝衣线		盒	250	250	2.2	550
	纽扣		盒	7	7	5	35
	包装袋		卷	20	20	48.75	975
用途	生产210401全棉家居服用			备注			

部门主管：顾晓华　　　　批料：章建设　　　　领料人：吴云保　　　　制单：李　强

表7-7　　　　　　　　　　　　　　领 料 单

2022年6月5日

领料单位：生产车间　　　　　　　　　　　发料仓库：2号仓库

| 编号 | 材料名称 | 规格 | 计量单位 | 数量 | | 单价（元） | 金额（元） |
				请领	实发		
	缝衣线		盒	500	500	4	2 000
	纽扣		盒	12	12	7.5	90
	包装袋		卷	100	100	51.3	5 130
用途	生产210501真丝衬衫耗用			备注			

部门主管：顾晓华　　　　批料：章建设　　　　领料人：吴云保　　　　制单：李　强

表7-8

领 料 单

2022年6月8日

领料单位：行政管理部门 发料仓库：3号仓库

编号	材料名称	规格	计量单位	数量		单价（元）	金额（元）
				请领	实发		
	其他材料		批	1	1	4 200	4 200
用途	专门根据办公室的请购单采购		备注				

部门主管：顾晓华　　　　批料：章建设　　　　领料人：吴云保　　　　制单：李 强

表7-9

领 料 单

2022年6月10日

领料单位：生产车间 发料仓库：2号仓库

编号	材料名称	规格	计量单位	数量		单价（元）	金额（元）
				请领	实发		
	缝衣线		盒	500	500	3	1 500
	纽扣		盒	50	50	8	400
	包装硬纸板		套	1 000	1 000	2.5	2 500
	包装袋		卷	10	10	50	500
用途	生产210601男式牛仔服耗用		备注				

部门主管：顾晓华　　　　批料：章建设　　　　领料人：吴云保　　　　制单：李 强

表7-10

领 料 单

2022年6月12日

领料单位：供气车间 发料仓库：4号仓库

编号	材料名称	规格	计量单位	数量		单价（元）	金额（元）
				请领	实发		
	修理用备件		批	1	1	9 000	9 000
用途	根据供气车间请购单专门采购		备注				

部门主管：顾晓华　　　　批料：章建设　　　　领料人：吴云保　　　　制单：李 强

表7-11

领料单

2022年6月15日

领料单位：生产车间　　　　　　　　　　　发料仓库：4号仓库

编号	材料名称	规格	计量单位	数量		单价（元）	金额（元）
				请领	实发		
	修理用备件		批	1	1	6 000	6 000
用途	根据生产车间请购单专门采购			备注			

部门主管：顾晓华　　　　批料：章建设　　　　领料人：吴云保　　　　制单：李　强

第二步，编制发料凭证汇总表。

会计人员根据领料单编制发料凭证汇总表（见表7-12）。

表7-12

发料凭证汇总表

2022年6月30日　　　　　　　　　　　　　　　　　　　　　　　　单位：元

领料部门及用途	原料及主要材料		辅助材料		包装材料	其他材料	修理用备件	合　计
	真丝布	牛仔布	缝衣线	纽扣				
1.基本生产车间								
（1）产品生产小计	163 200.00	53 000.00	4 050.00	525.00	9 105.00			229 880.00
其中：210401批			550.00	35.00	975.00			1 560.00
210501批	163 200.00		2 000.00	90.00	5 130.00			170 420.00
210601批		53 000.00	1 500.00	400.00	3 000.00			57 900.00
（2）车间一般耗用							6 000.00	6 000.00
2.辅助生产车间								
其中：供气车间							9 000.00	9 000.00
3.企业管理部门						4 200.00		4 200.00
合　计	163 200.00	53 000.00	4 050.00	525.00	9 105.00	4 200.00	15 000.00	249 080.00

审核：李美华　　　　　　　　　　　　　　　制单：王丹

第三步，编制材料费用分配表。

会计人员编制的材料费用分配表见表7-13。

表7-13　　　　　　　　　　　　　　材料费用分配表

2022年6月30日　　　　　　　　　　　　　　　　　　　单位：元

材料名称	基本生产成本				制造费用	辅助生产成本	管理费用	合计
	210401批全棉家居服	200501批真丝衬衫	200601批男式牛仔服	小计				
真丝布		163 200		163 200				163 200
牛仔布			53 000	53 000				53 000
辅助材料	585	2 090	1 900	4 575				4 575
包装材料	975	5 130	3 000	9 105				9 105
机物料					6 000	9 000		15 000
其他材料							4 200	4 200
合计	1 560	170 420	57 900	229 880	6 000	9 000	4 200	249 080

第四步，编制记账凭证。

根据审核无误的材料费用分配表，编制记账凭证（见表7-14）。

表7-14　　　　　　　　　　　　　　记 账 凭 证

2022 年 6 月 30 日　　　　　　　　　　　　　　　　记字第 67 号

摘　要	科　目		借方金额										贷方金额										√
	总账科目	明细科目	亿	千	百	十	万	千	百	十	元	角	分	亿	千	百	十	万	千	百	十	元	角	分	
分配材料费用	基本生产成本	210401（直接材料）					1	5	6	0	0	0												
		210501（直接材料）				1	7	0	4	2	0	0	0											
		210601（直接材料）					5	7	9	0	0	0	0											
	制造费用	材料费用						6	0	0	0	0	0											
	辅助生产成本	材料费用						9	0	0	0	0	0											
	管理费用	材料费用						4	2	0	0	0	0											
	原材料	真丝布														1	6	3	2	0	0	0	0	
		牛仔布															5	3	0	0	0	0	0	
		辅助材料																4	5	7	5	0	0	
		修理用备件															1	5	0	0	0	0	0	
		其他材料																4	2	0	0	0	0	
		包装材料																9	1	0	5	0	0	
合　计					¥	2	4	9	0	8	0	0	0		¥	2	4	9	0	8	0	0	0	

会计主管：徐小熊　　记账：唐慧娟　　出纳：　　　　　复核：张艳　　制单：王熊

附件10张

第五步，登记有关成本费用明细账。

根据审核无误的记账凭证，登记各批次基本生产成本明细账、辅助生产成本明细账及制造费用明细账（见表7-15至表7-19）。

表7-15　　　　　　　　　　　　　　基本生产成本明细账

产品批号：210401　　　　　　　　　产品名称：全棉家居服　　　　　　　　批量：1 000套

| 2022年 | | 凭证号数 | 摘 要 | 借方发生额 | 直接材料 | 直接人工 | 燃料及动力 | 制造费用 |
月	日							
6	1		月初余额	109 400	65 000	37 300	2 700	4 400
	30	67#	分配材料费用	1 560	1 560			
	30	68#	分配人工费用	13 651.20		13 651.20		
	30	69#	分配燃料及动力费用	1 785.60			1 785.60	
	30	73#	分配制造费用	7 837.02				7 837.02
	30		本月合计	134 233.82	66 560	50 951.20	4 485.60	12 237.02
	30	74#	结转完工产品成本	134 233.82	66 560	50 951.20	4 485.60	12 237.02

表7-16　　　　　　　　　　　　　　基本生产成本明细账

产品批号：210501　　　　　　　　　产品名称：真丝衬衫　　　　　　　　产量：3 600件

| 2022年 | | 凭证号数 | 摘 要 | 借方发生额 | 直接材料 | 直接人工 | 燃料及动力 | 制造费用 |
月	日							
6	1		月初余额	137 460	81 730	34 100	5 750	15 880
	30	67#	分配材料费用	170 420	170 420			
	30	68#	分配人工费用	144 096		144 096		
	30	69#	分配燃料及动力费用	18 848			18 848	
	30	73#	分配制造费用	82 724.10				82 724.10
	30		本月合计	553 548.10	252 150	178 196	24 598	98 604.10
	30	74#	结转完工产品成本	421 200	182 000	148 200	18 200	72 800
	30		月末在产品成本	132 348.10	70 150	29 996	6 398	25 804.10

表7-17　　　　　　　　　　　　　基本生产成本明细账

产品批号：210601　　　　　　产品名称：男式牛仔服　　　　　　产量：1 000件

2022年		凭证号数	摘 要	借方发生额	直接材料	直接人工	燃料及动力	制造费用
月	日							
6	30	67#	分配材料费用	57 900	57 900			
	30	68#	分配人工费用	31 852.80		31 852.80		
	30	69#	分配燃料及动力费用	4 166.40			4 166.40	
	30	73#	分配制造费用	18 286.88				18 286.88
	30		本月合计	112 206.08	57 900	31 852.80	4 166.40	18 286.88
	30	74#	结转完工产品成本	112 206.08	57 900	31 852.80	4 166.40	18 286.88

表7-18　　　　　　　　　　　　　辅助生产成本明细账

车间：供气车间

2022年		凭证号数	摘 要	合计	费用项目				
月	日				材料费用	人工费用	燃料及动力费用	折旧费用	其他费用
6	30	67#	分配材料费用	9 000	9 000				
	30	68#	分配人工费用	24 000		24 000			
	30	69#	分配燃料及动力费用	4 712			4 712		
	30	70#	计提折旧费用	3 400				3 400	
	30	71#	分配其他费用	12 000					12 000
	30		本月合计	53 112	9 000	24 000	4 712	3 400	12 000
	30	72#	分配辅助生产成本	53 112	9 000	24 000	4 712	3 400	12 000

表7-19　　　　　　　　　　　　　制造费用明细账

车间名称：基本生产车间

2022年		凭证号数	摘 要	合 计	费用项目					
月	日				材料费用	人工费用	燃料及动力费用	折旧费用	气费	其他费用
6	30	67#	分配材料费用	6 000	6 000					
	30	68#	分配人工费用	12 000		12 000				
	30	69#	分配燃料及动力费用	3 348			3 348			
	30	70#	计提折旧费用	33 900				33 900		
	30	71#	分配其他费用	16 000						16 000
	30	72#	分配辅助生产成本	37 600					37 600	
	30		本月合计	108 848	6 000	12 000	3 348	33 900	37 600	16 000
	30	73#	分配制造费用	108 848	6 000	12 000	3 348	33 900	37 600	16 000

实训二　人工费用的归集与分配

第一步，取得人工费用核算的原始数据。

人力资源部门提交的职工薪酬汇总表见表7-20。

表7-20　　　　　　　　　　　　　　职工薪酬汇总表

2022年6月30日

单位：元

车间部门		应付职工薪酬				代扣款项			实发金额
		基础工资工资	津贴	奖金	合计	住房公积金	退休统筹	小计	
基本生产车间	生产工人	158 000	15 800	15 800	189 600	15 168		15 168	174 432
	管理人员	9 000	2 000	1 000	12 000	960		960	11 040
供气车间		20 000	2 000	2 000	24 000	1 920		1 920	22 080
行政管理部门		44 000		4 000	48 000	3 840		3 840	44 160
合计		231 000	19 800	22 800	273 600	21 888		21 888	251 712

生产车间各批产品耗费工时见表7-21。

表7-21　　　　　　　　　　　　　　生产工时统计表

2022年6月30日

产品批次及产品名称	耗费工时
210401批全棉家居服	1 800
210501批真丝衬衫	19 000
210601批男式牛仔服	4 200
合计	25 000

第二步，编制职工薪酬费用分配表。

在Excel工作表中设计"职工薪酬费用分配表"计算模板，根据表7-20、表7-21确定并录入会计科目、生产工时及车间管理人员、辅助生产车间人员、行政管理部门人员职工薪酬数据，根据生产工时比例法原理定义基本生产车间职工薪酬费用分配率及各批产品职工薪酬分配金额计算公式。公式定义完毕后，自动显示结果（见表7-22）。

第三步，填制记账凭证。

根据审核无误的职工薪酬汇总表、生产工时统计表、职工薪酬费用分配表等原始凭证编制记账凭证（见表7-23）。

第四步，登记有关成本费用明细账。

上述记账凭证经审核无误后，据以登记基本生产成本明细账、辅助生产成本明细账及制造费用明细账（见表7-15至表7-19）。

表7-22

职工薪酬费用分配表

2022年6月30日

金额单位：元

会计科目		生产工时	分配率	金额
基本生产成本	210401批全棉家居服	1 800		13 651.2
	210501批真丝衬衫	19 000		144 096
	210601批男士牛仔服	4 200		31 852.8
	小 计	25 000	7.5840	189 600
制造费用				12 000
辅助生产成本				24 000
管理费用				48 000
合 计				273 600

注：分配率保留4位小数

主要单元格计算公式说明：

D7=E7/C7　　　E4=C4*D7　　　E5=C5*D7　　　E6=E7-E6-E5

表7-23

记 账 凭 证

2022 年 6 月 30 日

记字第 68 号

摘 要	科 目		借方金额										贷方金额										√
	总账科目	明细科目	亿	千	百	十	万	千	百	十	元	角	分	亿	千	百	十	万	千	百	十	元	角	分	
分配人工费用	基本生产成本	210401（直接人工）				1	3	6	5	1	2	0													
		210501（直接人工）			1	4	4	0	9	6	0	0													
		210601（直接人工）				3	1	8	5	2	8	0													
	制造费用	人工费用				1	2	0	0	0	0	0													
	辅助生产成本	人工费用				2	4	0	0	0	0	0													
	管理费用	人工费用				4	8	0	0	0	0	0													
	应付职工薪酬	工资														2	7	3	6	0	0	0	0		
合 计			¥	2	7	3	6	0	0	0	0	0		¥	2	7	3	6	0	0	0	0	0		

附件 3 张

会计主管：徐小熊　　　记账：唐慧娟　　　出纳：　　　　　复核：张 艳　　　制单：王 熊

实训三　外购动力费用的归集与分配

第一步，取得外购动力费用核算的原始数据。

由成本核算人员与相关岗位人员沟通，取得各部门耗用动力情况汇总表（见表7-24）、生产工时统计表（见表7-21）及外购动力发票（如图7-3所示）等原始凭证，作为外购动力费用核算的原始数据基础。

表7-24

耗电明细表
2022年6月30日

车间部门	生产车间		供气车间	行政管理部门	合　计
	产品生产	车间照明			
耗电量（度）	20 000	2 700	3 800	3 500	30 000

江苏增值税专用发票　　No 5046250200

开票日期：2022年6月30日

购买方	名　　称：无锡伶俐服装厂 纳税人识别号：160102244213483123 地址、电话：无锡市滨湖区太湖东路134号 开户行及账号：中国工商银行无锡太湖支行6222464654546552	密码区	略

货物或应税劳务、服务名称	规格型号	单位	数量	单价	金额	税率	税额
*供电*电力产品		度	30 000	1.24	37 200.00	6%	2 232.00

合　计	⊗人民币叁万玖仟肆佰叁拾贰元整	（小写）￥39 432.00

销售方	名　　称：无锡供电公司 纳税人识别号：171626596735671234 地址、电话：无锡市滨湖区太湖东路83号 85866348 开户行及账号：中国工商银行无锡城西支行43289542239	备注	无锡供电公司 1716265967356 71234 发票专用章 销售方（章）

收款人：　　　　复核：　　　　开票人：王文娟

图7-3　购电发票

第二步，编制外购动力费用分配表。

在Excel工作表中设计"外购动力费用分配表"计算模板，根据表7-24、表7-21、图7-3确定并录入会计科目、各部门耗电量、电费单价及各批产品耗用生产工时等数据，根据生产工时比例分配法原理定义各批产品耗电量分配率及各受益对象电费分配金额计算公式。公式定义完毕后，自动显示结果（见表7-25）。

第三步，填制记账凭证。

根据上述审核无误的原始凭证编制记账凭证（见表7-26）。

表7-25 外购动力费用分配表

2022年6月30日 金额单位：元

会计科目		耗电量分配		耗电量（度）	单 价	金额合计（元）
		生产工时	分配率			
基本生产成本	210401批全棉家居服	1 800		1 440	1.24	1 785.60
	210501批真丝衬衫	19 000		15 200	1.24	18 848.00
	210601批男式牛仔服	4 200		3 360	1.24	4 166.40
	小计	25 000	0.8000	20 000	1.24	24 800.00
制造费用		2 700			1.24	3 348.00
辅助生产成本		3 800			1.24	4 712.00
管理费用		3 500			1.24	4 340.00
合 计				30 000	1.24	37 200.00

计算公式说明：主要单元格计算公式说明：

D8=E8/C8　　E5=C5*D8　　E6=C6*D8　　E7=C7*D8　　G5=E5*1.24　G6=E6*1.24　G7=E7*1.24

G8=E8*1.24　G9=E9*1.24　G10=E10*1.24　G11=E11*1.24

表7-26 记 账 凭 证

2022 年 6 月 30 日 记字第 _69_ 号

摘 要	科 目		借方金额										贷方金额										√
	总账科目	明细科目	亿	千	百	十	万	千	百	十	元	角	分	亿	千	百	十	万	千	百	十	元	角	分	
分配外购动力费用	基本生产成本	210401（燃料及动力）						1	7	8	5	6	0											
		210501（燃料及动力）					1	8	8	4	8	0	0											
		210601（燃料及动力）						4	1	6	6	4	0											
	制造费用	燃料及动力						3	3	4	8	0	0											
	辅助生产成本	燃料及动力						4	7	1	2	0	0											
	管理费用	燃料及动力						4	3	4	0	0	0											
	应交税费	应交增值税（进项税额）						2	2	3	2	0	0											
	应付账款	无锡供电公司													3	9	4	3	2	0	0			
合 计						¥	3	9	4	3	2	0	0				¥	3	9	4	3	2	0	0	

附件4张

会计主管：徐小熊　记账：唐慧娟　出纳：　　复核：张艳　制单：王熊

第四步，登记有关成本费用明细账。

上述记账凭证经审核无误后，据以登记基本生产成本明细账、辅助生产成本明细账及制造费用明细账，见表7-15至表7-19。

实训四　折旧费用的核算

第一步，取得并审核折旧费用核算的原始数据。

由成本核算人员与固定资产管理岗位人员沟通，取得企业固定资产原值明细表（见表7-27），经与固定资产明细账核对无误后作为编制折旧费用计提表的原始数据基础。

表7-27　　　　　　　　　　　　固定资产原值明细表

2022年6月30日　　　　　　　　　　　　单位：元

车间部门		房屋及建筑物	机器设备	合 计
生产车间	裁剪车间	675 000	300 000	975 000
	缝制车间	1 500 000	2 000 000	3 500 000
	整形车间	900 000	400 000	1 300 000
	小计	3 075 000	2 700 000	5 775 000
供气车间		450 000	200 000	650 000
行政管理部门		450 000	200 000	650 000
合 计		3 975 000	3 100 000	7 075 000

注：该企业计提固定资产折旧采用分类折旧率，房屋及建筑物月折旧率0.4%，机器设备月折旧率0.8%。

第二步，编制折旧费用计提表。

根据固定资产原值明细表及分类折旧率，编制固定资产折旧费用计提表（见表7-28）。

表7-28　　　　　　　　　　　　固定资产折旧计提表

2022年6月30日　　　　　　　　　　　　单位：元

会计科目		房屋及建筑物（0.4%）		机器设备（0.8%）		折旧额合计
		固定资产原值	月折旧额	固定资产原值	月折旧额	
制造费用	裁剪车间	675 000	2 700	300 000	2 400	5 100
	缝制车间	1 500 000	6 000	2 000 000	16 000	22 000
	整形车间	900 000	3 600	400 000	3 200	6 800
	小计	3 075 000	12 300	2 700 000	21 600	33 900
辅助生产成本		450 000	1 800	200 000	1 600	3 400
管理费用		450 000	1 800	200 000	1 600	3 400
合 计		3 975 000	15 900	3 100 000	24 800	40 700

第三步，填制记账凭证。

根据审核无误的固定资产折旧计提表，编制记账凭证（见表7-29）。

表7-29

记 账 凭 证

2022 年 6 月 30 日　　　　　　　　　　　　　　　记字第 70 号

摘　要	科　目		借方金额											贷方金额											√
	总账科目	明细科目	亿	千	百	十	万	千	百	十	元	角	分	亿	千	百	十	万	千	百	十	元	角	分	
计提折旧费用	制造费用	折旧费用				3	3	9	0	0	0	0	0												
	辅助生产成本	折旧费用					3	4	0	0	0	0	0												
	管理费用	折旧费用					3	4	0	0	0	0	0												
	累计折旧	房屋及建筑物															1	5	9	0	0	0	0		
		机器设备															2	4	8	0	0	0	0		
合　计					¥	4	0	7	0	0	0	0	0			¥	4	0	7	0	0	0	0	0	

附件 2 张

会计主管：徐小熊　　记账：唐慧娟　　出纳：　　　　　复核：张 艳　　制单：王 熊

第四步，登记有关成本费用明细账。

上述记账凭证经审核无误后，据以登记辅助生产成本明细账及制造费用明细账（见表7-18和表7-19）。

实训五　其他费用的核算

第一步，编制其他费用汇总表。

根据取得的费用发生原始凭证（略）编制的其他费用汇总表见表7-30。

表7-30

其他费用表汇总表

2022年6月30日　　　　　　　　　　　　　　　单位：元

部门	办公费	水费	差旅费	财产保险费	其他	合计
裁剪车间	800	800		3 600	1 200	6 400
缝制车间	1 000	1 000		2 400	1 200	5 600
整形车间	600	600		2 000	800	4 000
小计	2 400	2 400		8 000	3 200	16 000
供气车间	800	8 000		3 000	200	12 000
行政管理部门	800	600	4 000	1 400	200	7 000
合计	4 000	11 000	4 000	12 400	3 600	35 000

第二步，编制记账凭证。

根据审核无误的其他费用表汇总表，编制记账凭证（见表7-31）。

表7-31　　　　　　　　　　　记 账 凭 证

2022 年 6 月 30 日　　　　　　　　　　　　记字第 71 号

摘　要	科　目		借方金额										贷方金额										√
	总账科目	明细科目	亿	千	百	十	万	千	百	十	元	角	分	亿	千	百	十	万	千	百	十	元	角	分	
分配其他费用	制造费用	其他费用					1	6	0	0	0	0	0												
	辅助生产成本	其他费用					1	2	0	0	0	0	0												
	管理费用	其他费用						7	0	0	0	0	0												
	库存现金																	3	5	0	0	0	0	0	
合　计				￥	3	5	0	0	0	0	0				￥	3	5	0	0	0	0	0			

附件 1 张

会计主管：徐小熊　　记账：唐慧娟　　出纳：　　　　　复核：张 艳　　制单：王 熊

第三步，登记有关成本费用明细账。

上述记账凭证经审核无误后，据以登记辅助生产成本明细账及制造费用明细账（见表7-18和表7-19）。

任务二　辅助生产费用分配的核算

一、实训目标

1.掌握辅助生产费用归集的核算

2.掌握辅助生产费用分配的核算

二、实训内容与要求

1.能根据辅助生产成本明细账记录正确归集本期辅助生产费用发生额

2.能正确填制辅助生产费用分配表

3.能根据辅助生产费用分配表正确、熟练地编制记账凭证

4.能根据所编制的记账凭证规范、熟练地登记基本生产成本、辅助生产成本及制造费用明细账

三、实训材料

1.劳务供应通知单

2.辅助生产费用分配表

3.通用记账凭证

4.基本生产成本明细账、辅助生产成本明细账、制造费用明细账

四、实训步骤

实训一 归集辅助生产费用

月末，根据辅助生产成本明细账记录，归集本月辅助生产费用的发生额，见表7-18 "本月合计"。

实训二 分配辅助生产费用

第一步，取得辅助生产车间产品或劳务供应量资料。

根据辅助生产车间对外提供产品或劳务的原始凭证，按受益单位对受益数量进行统计、汇总后编制产品或劳务供应汇总表（见表7-32）。

表7-32   供气车间劳务供应汇总表

2022年6月30日   单位：立方米

车间部门	供应量
基本生产车间	47 000
行政管理部门	19 390
合计	66 390

第二步，编制辅助生产费用分配表。

在Excel工作表中设计 "辅助生产费用分配表" 计算模板，根据辅助生产成本明细账 "本月合计" 及表7-32确定并录入待分配费用总额、各部门耗用量及对外分配总量等数据，根据直接分配法原理定义费用分配率及各受益部门分配金额计算公式。公式定义完毕后，自动显示结果（见表7-33）。

表7-33   辅助生产费用分配表（直接分配法）

2022年6月30日   金额单位：元

项 目		供气车间
待分配费用总额		53 112
对外分配劳务量(立方米)		66 390
单位成本(分配率)		0.8
基本生产车间	耗用量	47 000
	分配金额	37 600
行政管理部门	耗用量	19 390
	分配金额	15 512
分配金额合计		53 112
主要单元格计算公式说明： C5=C7+C9 C6=C4/C5 C8=C7*C6 C10=C9*C6		

第三步，编制记账凭证。

根据审核无误的辅助生产费用分配表，编制记账凭证（见表7-34）。

表7-34

记 账 凭 证

2022 年 6 月 30 日　　　　　　　　　　记字第_72_号

摘　要	科　目		借方金额										贷方金额										√
	总账科目	明细科目	亿	千	百	十	万	千	百	十	元	角	分	亿	千	百	十	万	千	百	十	元	角	分	
分配供气费用	制造费用	供气费用				3	7	6	0	0	0	0													
	管理费用	供气费用				1	5	5	1	2	0	0													
	辅助生产成本	材料费用															9	0	0	0	0	0		附件2张
		人工费用															2	4	0	0	0	0		
		燃料及动力费用															4	7	1	2	0	0		
		折旧费用															3	4	0	0	0	0		
		其他费用															1	2	0	0	0	0		
合　计				¥	5	3	1	1	2	0	0				¥	5	3	1	1	2	0	0		

会计主管：徐小熊　　记账：唐慧娟　　出纳：　　　　复核：张 艳　　制单：王 熊

第四步，登记有关成本费用明细账。

上述记账凭证经审核无误后，据以登记辅助生产成本明细账及制造费用明细账（见表7-18、表7-19）。

任务三　制造费用分配的核算

一、实训目标

1.掌握制造费用归集的核算

2.掌握制造费用分配的核算

二、实训内容与要求

1.能根据制造费用明细账记录正确归集本期制造费用发生额

2.能正确填制制造费用分配表

3.能根据制造费用分配表正确、熟练地编制记账凭证

4.能根据所编制的记账凭证规范、熟练地登记基本生产成本、制造费用明细账

三、实训材料

1.制造费用分配表

2.通用记账凭证

3.基本生产成本明细账、制造费用明细账

四、实训步骤

实训一 归集制造费用

月末，根据制造费用明细账记录，归集本月制造费用的发生额，见表7-19中的"本月合计"。

实训二 分配制造费用

第一步，编制制造费用分配表。

在Excel工作表中设计"制造费用分配表"计算模板，根据制造费用明细账"本月合计"及生产工时统计表（见表7-21）确定并录入应借账户、待分配费用总额、生产工时等数据，根据生产工时比例分配法原理定义费用分配率及各账户分配金额计算公式。公式定义完毕后，自动显示结果（见表7-35）。

表7-35

制造费用分配表

2022年6月30日

金额单位：元

应借账户		生产工时	分配率	分配金额
基本生产成本	210401批全棉家居服	1 800		7 837.02
	210501批真丝衬衫	19 000		82 724.10
	210601批男式牛仔服	4 200		18 286.88
合 计		25 000	4.3539	108 848.00

注：分配率保留小数点后4位

主要单元格计算公式说明：

D7=E7/C7   E4=C4*D7   E5=C5*D7   E6=E7-E4-E5

第二步，编制记账凭证。

根据审核无误的制造费用分配表等原始凭证，编制记账凭证（见表7-36）。

表7-36

记 账 凭 证

2022 年 6 月 30 日

记字第 _73_ 号

摘 要	科 目		借方金额										贷方金额										√
	总账科目	明细科目	亿	千	百	十	万	千	百	十	元	角	分	亿	千	百	十	万	千	百	十	元	角	分	
分配制造费用	基本生产成本	210401（制造费用）					7	8	3	7	0	2												
		210501（制造费用）				8	2	7	2	4	1	0												
		210601（制造费用）				1	8	2	8	6	8	8												
	制造费用	材料费用															6	0	0	0	0	0	附件2张
		人工费用														1	2	0	0	0	0	0	
		燃料及动力费用															3	3	4	8	0	0	
		折旧费用															3	3	9	0	0	0	
		其他费用															1	6	0	0	0	0	
		供气费用															3	7	6	0	0	0	
合 计						¥	1	0	8	8	4	8	0	0		¥	1	0	8	8	4	8	0	0	

会计主管：徐小熊   记账：唐慧娟   出纳：   复核：张 艳   制单：王 熊

第三步，登记有关成本费用明细账。

上述记账凭证经审核无误后，据以登记基本生产成本明细账及制造费用明细账（见表7-15、表7-16、表7-17、表7-19）。

任务四　生产费用在完工产品与在产品之间的分配

一、实训目标

1.熟悉生产费用在完工产品与在产品之间分配的方法

2.掌握完工产品成本的计算

二、实训内容与要求

1.能正确计算完工产品与月末在产品的成本，正确填制产品成本计算单

2.能正确填制完工产品成本汇总表

3.能根据产品成本计算单、完工产品成本汇总表、产品入库单等原始凭证正确、熟练地编制记账凭证

4.能根据记账凭证规范、熟练地登记基本生产成本明细账

三、实训材料

1.产品成本计算单

2.完工产品成本汇总表

3.入库单

4.通用记账凭证

5.基本生产成本明细账

四、实训步骤

第一步，填制各批次产品成本计算单。

（1）根据基本生产成本明细账填写成本计算单"期初在产品成本""本期生产费用"，并将两者加计填写"生产费用合计"。

（2）210401批产品本月全部完工，故生产费用合计数即为完工产品成本。

（3）210501批产品本月完工2 600件，尚有1 000件未完工。完工产品成本按计划成本确定。

（4）210601批产品本月全部完工，故本月生产费用合计数即为完工产品成本。

按上述方法填制的各批次产品成本计算单见表7-37、表7-38、表7-39。

第二步，填制完工产品成本汇总表。

根据产品成本计算单填制完工产品成本汇总表（见表7-40）。

表7-37　　　　　　　　　　　　　　　产品成本计算单

产品批号：210401　　　　　产品名称：全棉家居服

投产日期：4月20日　　　　　批量：1 000套　　　完工日期：6月30日

项目	数量	直接材料	直接人工	燃料及动力	制造费用	合计
期初在产品成本	1 000	65 000	37 300	2 700	4 400	109 400
本期生产费用		1 560	13 651.2	1 785.6	7 837.02	24 833.82
生产费用合计	1 000	66 560	50 951.20	4 485.60	12 237.02	134 233.82
完工产品成本	1 000	66 560	50 951.20	4 485.60	12 237.02	134 233.82
单位成本		66.5600	50.9512	4.4856	12.2370	134.2338
期末在产品成本	0	0	0	0	0	0

注：单位成本保留小数点后4位。

表7-38　　　　　　　　　　　　　　　产品成本计算单

产品批号：210501　　　　　产品名称：真丝衬衫

投产日期：5月25日　　　　　批量：3 600件　　　完工日期：

项目	数量	直接材料	直接人工	燃料及动力	制造费用	合计
期初在产品成本	1 200	81 730	34 100	5 750	15 880	137 460
本期生产费用	2 400	170 420	144 096	18 848	82 724.10	416 088.10
生产费用合计	3 600	252 150	178 196	24 598	98 604.10	553 548.10
完工产品成本	2 600	182 000	148 200	18 200	72 800	421 200
单位计划成本		70	57	7	28	162
期末在产品成本	1 000	70 150	29 996	6 398	25 804.10	132 348.10

表7-39　　　　　　　　　　　　　　　产品成本计算单

产品批号：210601　　　　　产品名称：男式牛仔服

投产日期：6月5日　　　　　批量：1 000件　　　完工日期：6月30日

项目	数量	直接材料	直接人工	燃料及动力	制造费用	合计
期初在产品成本						
本期生产费用	1 000	57 900	31 852.80	4 166.40	18 286.88	112 206.08
生产费用合计	1 000	57 900	31 852.80	4 166.40	18 286.88	112 206.08
完工产品成本	1 000	57 900	31 852.80	4 166.40	18 286.88	112 206.08
单位成本		57.9	31.8528	4.1664	18.2869	112.2061
期末在产品成本	0	0	0	0	0	0

注：单位成本保留小数点后4位。

表7-40   完工产品成本汇总表

2022年6月30日   金额单位：元

产品名称及批号	完工产量	直接材料	直接人工	燃料及动力	制造费用	总成本	单位成本
210401批 全棉家居服	1 000套	66 560	50 951.20	4 485.60	12 237.02	134 233.82	134.2338
210501批 真丝衬衫	2 600件	182 000	148 200	18 200	72 800	421 200	162
210601批 男式牛仔服	1 000件	57 900	31 852.80	4 166.40	18 286.88	112 206.08	112.2061
合计	—	306 460	231 004	26 852	103 323.90	667 639.90	—

第三步，结转完工产品成本。

根据审核无误的产品成本计算单、完工产品成本汇总表，补充填写产品入库单中的单位成本及金额（见表7-41），并根据产品成本计算单、完工产品成本汇总表等原始凭证编制记账凭证（见表7-42）。

表7-41   产品入库单

仓库：产成品仓库   2022年6月30日   NO.21628306733

种类	产品名称	规格	单位	数量	单位成本	千	百	十	万	千	百	十	元	角	分
	全棉家居服		套	1 000	134.23			1	3	4	2	3	3	8	2
	真丝衬衫		件	2 600	162.00			4	2	1	2	0	0	0	0
	男式牛仔服		件	1 000	112.21			1	1	2	2	0	6	0	8
备　注			合　计			¥	6	6	7	6	3	9	9	0	

第三联　财务记账

验收：周 薇   填单：李 达

表7-42   记 账 凭 证

2022年6月30日   记字第 74 号

摘　要	科　目		借方金额											贷方金额										√
	总账科目	明细科目	亿	千	百	十	万	千	百	十	元	角	分	亿	千	百	十	万	千	百	十	元	角	分
结转完工产品成本	库存商品	全棉家居服			1	3	4	2	3	3	8	2												
		真丝衬衫			4	2	1	2	0	0	0	0												
		男士牛仔服			1	1	2	2	0	6	0	8												
	基本生产成本	210401														1	3	4	2	3	3	8	2	
		210501														4	2	1	2	0	0	0	0	
		210601														1	1	2	2	0	6	0	8	
合　计				¥	6	6	7	6	3	9	9	0			¥	6	6	7	6	3	9	9	0	

附件4张

会计主管：徐小熊   记账：唐慧娟   出纳：   复核：张 艳   制单：王 熊

第四步，登记有关成本费用明细账。

上述记账凭证经审核无误后，据以登记基本生产成本明细账（见表7-15至表7-17）。

项目八

产品成本核算的简化分批法

思政引导

人工智能与马克思劳动价值论

2020年1月，广东省深圳市南山区人民法院一审审结，原告深圳市腾讯计算机系统有限公司诉被告上海盈讯科技有限公司侵害著作权及不正当竞争纠纷一案，认定人工智能生成的文章构成作品。此案系全国首例认定人工智能生成的文章构成作品案件。这是否意味着在法律上首次确认了人工智能著作权，赋予人工智能独立的法律主体地位，在一定程度上赋予了人工智能的独立人格权利。这对智能时代促进社会创新发展具有重要意义，同时又对知识创造工作是人类专属能力的传统认知形成冲击。人工智能具有知识创造能力在一定程度上意味着作为知识创造主体的人的地位受到挑战。

马克思说："任何一个民族，如果停止劳动，不用说一年，就是几个星期，也要灭亡。"恩格斯说："劳动和自然界在一起才是一切财富的源泉，自然界为劳动提供材料，劳动把材料转变为财富。但是劳动的作用还远不止于此。"人工智能代替人的劳动，使人的劳动形态面临颠覆性变化。但是，人的活劳动作为价值唯一源泉没有改变。改变的是，参与价值创造的生产要素及其对价值创造过程贡献的大小。科技、创意、灵感、数据资源等非物能形态的生产要素在劳动过程中的作用正在凸显。数据资源成为智能社会最重要的生产要素之一。劳动者高阶的能力对促进智能社会的发展具有决定性意义。

在疫情防控中，习近平总书记强调："要鼓励运用大数据、人工智能、云计算等数字技术，在疫情监测分析、病毒溯源、防控救治、资源调配等方面更好发挥支撑作用。"全国人民万众一心，众志成城，各级政府联手科技网络公司，利用大数据、人工智能等技术分析疫情数据，研发科技产品，助力抗疫。随着科技抗疫工作的全面展开，人工智能技术充分展现出"硬核科技"的实力，在疫情监测分析、智能医疗救治和复工复产领域发挥着关键作用。在社会主义生产方式中，人工智能等科学技术凝结的人类智慧实现了自觉造福整个社会的效用。人工智能的社会主义应用具有比资本主义显著的优越性，已经在科技革命和产业革命进程中开拓了世界社会主义新的发展机遇和前景。

资料来源：王水兴. 人工智能的马克思劳动价值论审思 [J]. 马克思主义研究，2021（5）.

问题：人工智能对社会主义建设有哪些积极影响？

启示：中国战"疫"斗争中，丰富的人工智能应用，体现了科技的社会主义应用的价值导向和宏观效用。历史以一场全球规模的"社会实验"的方式，确证了包括人工智能在内的科学技术应用于不同社会制度形成的不同效应。由于人工智能的核心机制是信息的交互性和互组织性，从信息文明的本性出发，智能时代的社会主体越参与信息共享，就越具有创构新文明的能力。因此，人工智能的社会主义应用能够极大地促进社会生产力的增长、增进社会的公共福利和满足人民美好生活需要。在劳动逻辑中，人工智能的应用越充分，意味着人的自由劳动就越具有发展的空间，就越能增强和丰富人的本质、肯定和发展人的本质，进而体现出比资本主义社会制度更多的优势。当代中国人工智能应用已经并将继续确证这一发展趋势。

一、实训目标

1.理解简化分批法的特点和适用范围

2.理解并掌握简化分批法的核算程序

3.能够运用简化分批法正确计算企业产品成本

4.弘扬开源节流、勤俭节约、精打细算的中华传统美德；培育学生"认真负责、细心耐心、踏实严谨、精益求精"的工作作风

二、实训内容与要求

1.能正确、熟练地进行要素费用归集与分配的核算

2.能正确、熟练地进行辅助生产费用归集与分配的核算

3.能正确、熟练地进行制造费用归集与分配的核算

4.能正确、熟练地计算出完工产品成本及月末在产品成本

三、实训操作流程

简化分批法的操作流程如图8-1所示。

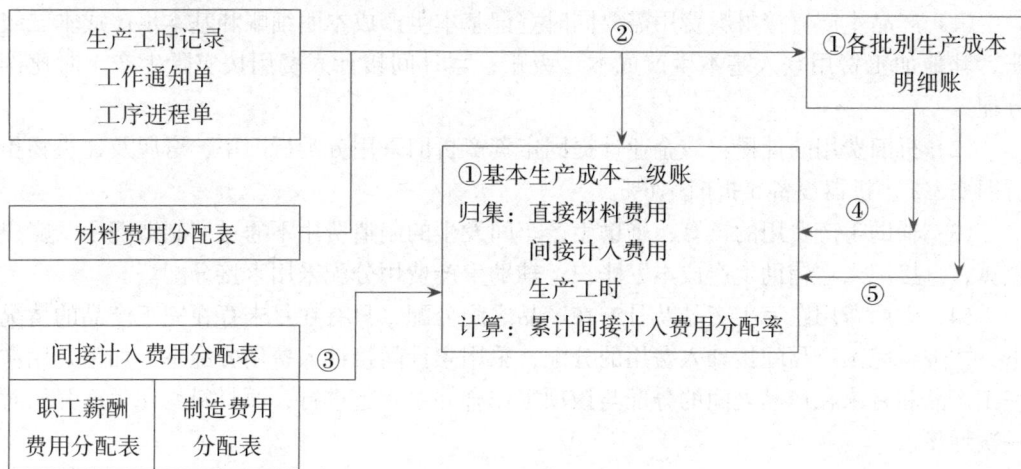

图8-1　简化分批法实训操作流程图

1.按照产品批别开设基本生产成本明细账，按车间设置基本生产成本二级账，并在各批别基本生产成本明细账及基本生产成本二级账中设置成本项目专栏及生产工时专栏；

2.根据材料费用分配表编制记账凭证，并据此及生产工时记录将直接材料费用、生产工时平行登记在各批别基本生产成本明细账和基本生产成本二级账中；

3.根据职工薪酬费用分配表、制造费用分配表编制记账凭证，并据此登记基本生产成本二级账，在二级账中计算累计间接计入费用分配率；

4.在有完工产品的批别基本生产成本明细账中，在完工产品与在产品之间计算分配直接材料费用和生产工时，按累计间接计入费用分配率计算完工产品应分配的直接人工

费用及制造费用；

5.根据批别基本生产成本明细账登记基本生产成本二级账中的完工产品成本，并计算月末在产品成本。

四、业务案例

（一）企业成本核算概况

豪俊服装厂属于外贸服装企业，按生产订单生产外贸出口服装。该企业设有一个生产车间（第一车间）按照裁剪、缝制、整理流水线生产：裁剪工位的生产任务是将布料按照服装样板进行裁剪，然后将裁剪好的布料送到缝制工位进行下一步加工；缝制工位的生产任务是将裁剪好的布料进行缝制，在缝制过程中添加一些辅助材料，将布料做成成衣，然后将成衣送到整理工位进行整理；整理工位的生产任务是对成衣进行整理、熨烫、定型、包装等处理，经检验合格后形成产成品。

该企业还设置一个辅助生产车间：供气车间。供气车间为全厂提供蒸汽服务。

该企业属于小批单件生产企业，成本管理上不需要计算各步骤成本，产品生产周期较长，而实际每月完工的订单并不多，成本核算采用简化分批法。企业产品成本核算要求如下：

（1）产品生产直接材料费用需要同时登记基本生产成本明细账和基本生产成本二级账，其他加工费用登入基本生产成本二级账；累计间接计入费用按实际生产工时比例分配。

（2）折旧费用的计提：该企业计提固定资产折旧采用分类折旧率，房屋及建筑物年折旧率3%，机器设备年折旧率6%。

（3）辅助生产费用的核算：辅助生产车间发生的制造费用不通过"制造费用"账户核算，直接记入"辅助生产成本"账户；辅助生产费用分配采用直接分配法。

（4）生产费用在完工产品及月末在产品之间分配：只有在月末存在完工产品的情况下，才进行完工产品间接计入费用的分配，采用累计间接计入费用分配率，加工费用在完工产品和月末在产品之间的分配与该项工作合并在一起进行，原材料均在生产开始时一次性投入。

（二）期初在产品成本资料

2022年3月1日，"基本生产成本——第一车间"二级明细账及所属各批别基本生产成本明细账月初资料见表8-1。

表8-1　　　　　　　　　　　期初在产品成本明细表　　　　　　　　　　金额单位：元

账户		直接材料	生产工时	直接人工	制造费用	费用合计
基本生产成本	第一车间	66 990	2 100	18 144	14 326	99 460
	123批别（全棉睡衣）	35 110	1 200			
	124批别（全棉长裤）	31 880	900			

（三）本月生产工时统计

本月除继续生产123批和124批产品外，又新投入125批至129批共5批产品的生产。各批产品本月耗用工时情况见表8-2。

表8-2　　　　　　　　　　　　　本月生产工时统计表

批号	工时
123批（全棉睡衣）	2 000
124批（全棉长裤）	1 800
125批（全棉睡衣）	3 000
126批（亚麻衬衫）	1 800
127批（全棉长裤）	2 600
128批（亚麻衬衫）	1 500
129批（全棉睡衣）	1 200
合计	13 900

（四）3月31日，各批别产品完工情况

1.上月投产的123批200件全棉睡衣、124批250条全棉长裤全部完工；

2.本月125批投产300件全棉睡衣，全部完工；

3.本月126批投产160件亚麻衬衫，尚无完工产品；

4.本月127批投产400条全棉长裤，尚无完工产品；

5.本月128批投产200件亚麻衬衫，尚无完工产品；

6.本月129批投产400件全棉睡衣，尚无完工产品。

任务一　要素费用的归集与分配

一、实训目标

1.掌握材料费用归集与分配的核算

2.掌握职工薪酬费用归集与分配的核算

3.掌握燃料及动力费用归集与分配的核算

4.掌握计提折旧费用的核算

5.掌握其他费用的核算

二、实训内容与要求

1.能根据相关费用发生的原始凭证正确、熟练地编制发料凭证汇总表、材料费用分

配表、薪酬费用分配表、燃料及外购动力费用分配表、固定资产折旧计提表等原始凭证

2.能根据上述费用分配表或费用发生凭证正确、熟练地编制记账凭证

3.能根据所编制的记账凭证规范、熟练地登记基本生产成本、辅助生产成本及制造费用明细账

三、实训材料

1.领料单、退料单、发料凭证汇总表

2.工资结算汇总表

3.材料费用分配表

4.薪酬费用分配表

5.燃料及外购动力费用分配表

6.折旧计提表

7.其他费用凭证

8.通用记账凭证

9.基本生产成本明细账、辅助生产成本明细账、制造费用明细账

四、实训步骤

实训一　材料费用的归集与分配

第一步，取得领料单等领料凭证。

豪俊服装厂2022年3月份有关领料情况见表8-3至表8-12。

表8-3　　　　　　　　　　　　　领料单

领用部门：供气车间　　　　　　　2022年3月5日

材料名称	单位	数量	单价（元）	金额（元）	用途	
手套	双	30	10.00	300	一般耗用	②转财务科

主管：李　想　　　领料人：许　国　　　审核：李　刚　　　发料人：张　辉

表8-4　　　　　　　　　　　　　领料单

领用部门：第一车间　　　　　　　2022年3月8日

材料名称	单位	数量	单价（元）	金额（元）	用途	
手套	双	15	10.00	150	一般耗用	②转财务科

主管：李　想　　　领料人：许　国　　　审核：李　刚　　　发料人：张　辉

表8-5　　　　　　　　　　　　　领料单
部门：管理部门　　　　　　　　　2022年3月11日

材料名称	单位	数量	单价（元）	金额（元）	用途	
手套	双	30	10.00	300	一般耗用	②转财务科

　　主管：李　想　　　　领料人：许　国　　　　审核：李　刚　　　　发料人：张　辉

表8-6　　　　　　　　　　　　　领料单
部门：第一车间　　　　　　　　　2022年3月13日

材料名称	单位	数量	单价（元）	金额（元）	用途	
全棉布料	米	2 000	12	24 000	125批耗用	②转财务科
纽扣	个	1 200	0.1	120		

　　主管：李　想　　　　领料人：许　国　　　　审核：李　刚　　　　发料人：张　辉

表8-7　　　　　　　　　　　　　领料单
部门：第一车间　　　　　　　　　2022年3月13日

材料名称	单位	数量	单价（元）	金额（元）	用途	
亚麻布料	米	700	7.80	5 460	126批耗用	②转财务科
纽扣	个	650	0.10	65		

　　主管：李　想　　　　领料人：许　国　　　　审核：李　刚　　　　发料人：张　辉

表8-8　　　　　　　　　　　　　领料单
部门：供气车间　　　　　　　　　2022年3月15日

材料名称	单位	数量	单价（元）	金额（元）	用途	
漏斗	只	30	20.00	600	修理用	②转财务科

　　主管：李　想　　　　领料人：许　国　　　　审核：李　刚　　　　发料人：张　辉

表8-9　　　　　　　　　　　　　领料单
部门：第一车间　　　　　　　　　2022年3月17日

材料名称	单位	数量	单价（元）	金额（元）	用途	
全棉布料	米	2 050	12	24 600	127批耗用	②转财务科
纽扣	个	1 200	0.1	120		
拉链	条	410	0.5	205		

　　主管：李　想　　　　领料人：许　国　　　　审核：李　刚　　　　发料人：张　辉

表8-10 领料单

部门：第一车间 2022年3月21日

材料名称	单位	数量	单价（元）	金额（元）	用途
亚麻布料	米	850	7.8	6 630	128批耗用
纽扣	个	850	0.1	85	

②转财务科

主管：李 想 领料人：许 国 审核：李 刚 发料人：张 辉

表8-11 领料单

部门：第一车间 2022年3月22日

材料名称	单位	数量	单价（元）	金额（元）	用途
全棉布料	米	2 500	12	30 000	129批耗用
纽扣	个	2 000	0.1	200	

②转财务科

主管：李 想 领料人：许 国 审核：李 刚 发料人：张 辉

表8-12 领料单

部门：第一车间 2022年3月24日

材料名称	单位	数量	单价（元）	金额（元）	用途
一般布料	米	10 000	4	40 000	一般耗用

②转财务科

主管：李 想 领料人：许 国 审核：李 刚 发料人：张 辉

第二步，根据领料单编制领料凭证汇总表。

根据本月领料单编制领料凭证汇总表（见表8-13）。

表8-13 领料凭证汇总表

2022年3月31日 单位：元

材料名称	第一车间					车间一般耗用	供气车间	管理部门	合 计
	产品耗用								
	125批	126批	127批	128批	129批				
全棉布料	24 000		24 600		30 000				78 600
亚麻布料		5 460		6 630					12 090
一般布料						40 000			40 000
纽扣	120	65	120	85	200				590
拉链			205						205
漏斗							600		600
手套						150	300	300	750
合 计	24 120	5 525	24 925	6 715	30 200	40 150	900	300	132 835

第三步，编制材料费用分配表。

根据领料凭证汇总表编制材料费用分配表（见表8-14）。

表8-14　　　　　　　　　　　　　　　材料费用分配表

2022年3月31日　　　　　　　　　　　　　　　　　　　　　　单位：元

总账账户	二级账户	明细账户	项目	金额
生产成本	基本生产成本	125批	直接材料	24 120
		126批	直接材料	5 525
		127批	直接材料	24 925
		128批	直接材料	6 715
		129批	直接材料	30 200
		小　计		91 485
生产成本	辅助生产成本	供气车间	材料费用	900
		小　计		900
制造费用		第一车间	材料费用	40 150
管理费用			材料费用	300
合　计				132 835

会计主管：张　敏　　　　　　审核：李　刚　　　　　　　制表：郭全福

第四步，编制记账凭证。

根据审核无误的材料费用分配表编制记账凭证（见表8-15）。

表8-15　　　　　　　　　　　　　　　记　账　凭　证

2022年3月31日　　　　　　　　　　　　　　　　　　　　　记字第_30_号

摘　要	科　目		借方金额									贷方金额									√
	总账科目	明细科目	亿	千	百	十	万	千	百	十	元	角	分	亿	千	百	十	万	千	百	十	元	角	分	
分配本月材料费用	生产成本	基本生产成本-125批				2	4	1	2	0	0	0													
		基本生产成本-126批					5	5	2	5	0	0													
		基本生产成本-127批				2	4	9	2	5	0	0													
		基本生产成本-128批					6	7	1	5	0	0													
		基本生产成本-129批				3	0	2	0	0	0	0													
		辅助生产成本-供气车间						9	0	0	0	0													
	制造费用	第一车间				4	0	1	5	0	0	0													
	管理费用	材料费用						3	0	0	0	0													
	原材料	全棉布														7	8	6	0	0	0	0			
		亚麻布														1	2	0	9	0	0	0			
		一般布														4	0	0	0	0	0	0			
		配件															7	9	5	0	0			
	周转材料															1	3	5	0	0	0			
合　计				¥	1	3	2	8	3	5	0	0			¥	1	3	2	8	3	5	0	0	

附件11张

会计主管：张　敏　　记账：李　达　　出纳：　　　　　　复核：王　平　　制单：顾　佳

第五步，登记有关成本、费用明细账。

根据审核无误的记账凭证登记基本生产成本二级账、基本生产成本明细账、辅助生产成本明细账及制造费用明细账（见表8-16至表8-25）。

表8-16   生产成本——基本生产成本明细账

车间：第一车间

2022年		凭证号数	摘要	直接材料	生产工时	直接人工	制造费用	合计
月	日							
3	1		期初余额	66 990	2 100	18 144	14 326	99 460
	31	记30#	分配本月材料费用	91 485				91 485
	31	记31#	分配本月人工费用		13 900	121 856		121 856
	31	记36#	分配本月制造费用				105 674	105 674
	31		累计发生额	158 475	16 000	140 000	120 000	418 475
	31		累计间接计入费用分配率			8.75	7.5	
	31	记37#	结转完工产品成本	91 110	8 900	77 875	66 750	235 735
	31		月末在产品成本	67 365	7 100	62 125	53 250	182 740

注：直接人工费用分配率=140 000÷16 000=8.75

制造费用分配率=120 000÷16 000=7.5

表8-17   生产成本——基本生产成本明细账

产品批别：123   产品名称：全棉睡衣   投产批量：200件

2022年		凭证号数	摘 要	直接材料	生产工时	直接人工	制造费用	合计
月	日							
3	1		期初余额	35 110	1 200			
	31		本月发生额		2 000			
	31		生产费用合计	35 110	3 200			
	31		累计数及累计间接计入费用分配率		3 200	8.75	7.5	
3	31	记37#	结转完工产品成本	35 110	3 200	28 000	24 000	87 110

表8-18　　　　　　　　　生产成本——基本生产成本明细账

产品批别：124　　　　产品名称：全棉长裤　　　　投产批量：250条

2022年		凭证号数	摘　要	直接材料	生产工时	直接人工	制造费用	合计
月	日							
3	1		期初余额	31 880	900			
	31		本月发生额		1 800			
			累计数及累计间接计入费用分配率		2 700	8.75	7.5	
	31		生产费用合计	31 880	2 700	23 625	20 250	75 755
3	31	记37#	结转完工产品成本	31 880	2 700	23 625	20 250	75 755

表8-19　　　　　　　　　生产成本——基本生产成本明细账

产品批别：125　　　　产品名称：全棉睡衣　　　　投产批量：300件

2022年		凭证号数	摘　要	直接材料	生产工时	直接人工	制造费用	合计
月	日							
3	31		本月发生额	24 120	3 000			
			累计数及累计间接计入费用分配率			8.75	7.5	
	31	记37#	结转完工产品成本	24 120	3 000	26 250	22 500	72 870

表8-20　　　　　　　　　生产成本——基本生产成本明细账

产品批别：126　　　　产品名称：亚麻衬衫　　　　投产批量：160件

2022年		凭证号数	摘　要	直接材料	生产工时	直接人工	制造费用	合计
月	日							
3	31		本月发生额	5 525	1 800			

表8-21　　　　　　　　　生产成本——基本生产成本明细账

产品批别：127　　　　产品名称：全棉长裤　　　　投产批量：400条

2022年		凭证号数	摘　要	直接材料	生产工时	直接人工	制造费用	合　计
月	日							
3	31		本月发生额	24 925	2 600			

表8-22　　　　　　　　　生产成本——基本生产成本明细账

产品批别：128　　　　产品名称：亚麻衬衫　　　　投产批量：200件

2022年		凭证号数	摘　要	直接材料	生产工时	直接人工	制造费用	合计
月	日							
3	31		本月发生额	6 715	1 500			

表8-23　　　　　　　　"生产成本——基本生产成本"明细账

产品批别：129　　　　产品名称：全棉睡衣　　　　投产批量：400件

2022年		凭证号数	摘　要	直接材料	生产工时	直接人工	制造费用	合计
月	日							
3	31		本月发生额	30 200	1 200			

表8-24　　　　　　　　　生产成本——辅助生产成本明细账

车间名称：供气车间

2022年		凭证号数	摘　要	合计	费用项目					
月	日				材料费	职工薪酬	折旧费	办公费	水电费	其他
3	31	记30#	分配材料费用	900	900					
	31	记31#	分配职工薪酬	15 776		15 776				
	31	记32#	分配外购动力费用	3 400					3 400	
	31	记33#	分配折旧费	4 800			4 800			
	31		本月合计	24 876	900	15 776	4 800		3 400	
	31	记35#	分配辅助生产费用	24 876	900	15 776	4 800		3 400	

表8-25　　　　　　　　　制造费用明细账

车间名称：第一车间

2022年		凭证号数	摘　要	合　计	费用项目					
月	日				材料费	职工薪酬	折旧费	办公费	水电费	其他
3	31	记30#	分配材料费用	40 150	40 150					
	31	记31#	分配职工薪酬	11 424		11 424				
	31	记32#	分配外购动力费用	13 600					13 600	
	31	记33#	分配折旧费	17 500			17 500			
	31	记35#	分配辅助生产费用	23 000						23 000
	31		本月合计	105 674	40 150	11 424	17 500		13 600	23 000
	31	记36#	结转本月制造费用	105 674	40 150	11 424	17 500		13 600	23 000

实训二　职工薪酬费用的归集与分配

第一步，编制工资结算汇总表、社会保险费计提表。

根据工资结算单等原始凭证等编制的工资结算汇总表、社会保险费计提表分别见表8-26和表8-27。

表8-26　　　　　　　　　　　工资结算汇总表

2022年3月31日　　　　　　　　　　　　　　单位：元

部　门	人员类别	基本工资	奖　金	津　贴	合　计
第一车间	生产工人	80 000	7 200	2 400	89 600
	管理人员	7 000	1 400		8 400
供气车间	全体人员	9 000	2 000	600	11 600
管理部门	管理人员	4 000	1 000		5 000
合　计		100 000	11 600	3 000	114 600

会计主管：张　敏　　　　　审核：李　刚　　　　　制表：郭全福

表8-27　　　　　　　　　　社会保险费用计提表

2022年3月31日　　　　　　　　　　　　　　单位：元

部　门	人员类别	工资总额	养老保险（21%）	医疗保险（9%）	失业保险（3%）	工伤保险（1%）	生育保险（2%）	金额合计
基本生产车间——第一车间	生产工人	89 600	18 816	8 064	2 688	896	1 792	32 256
	管理人员	8 400	1 764	756	252	84	168	3 024
供气车间	全体人员	11 600	2 436	1 044	348	116	232	4 176
管理部门	管理人员	5 000	1 050	450	150	50	100	1 800
合　计		114 600	24 066	10 314	3 438	1 146	2 292	41 256

会计主管：张　敏　　　　　审核：李　刚　　　　　制表：郭全福

第二步，编制职工薪酬费用分配表。

根据工资结算汇总表、社会保险费计提表编制的职工薪酬费用分配表见表8-28。

表8-28　　　　　　　　　　职工薪酬费用分配表

2022年3月31日　　　　　　　　　　　　金额单位：元

应借账户			成本项目或费用项目	工　资	社会保险费	合　计
总账账户	二级账户	明细账户				
生产成本	基本生产成本	第一车间	直接人工	89 600	32 256	121 856
生产成本	辅助生产成本	供气车间	职工薪酬	11 600	4 176	15 776
制造费用			职工薪酬	8 400	3 024	11 424
管理费用			职工薪酬	5 000	1 800	6 800
合　计				114 600	41 256	155 856

会计主管：张　敏　　　　　审核：李　刚　　　　　制表：郭全福

第三步，填制记账凭证。

根据审核无误的职工薪酬费用分配表编制记账凭证（见表8-29）。

表8-29

记 账 凭 证

2022 年 3 月 31 日 　　　　　　　　　　　　记字第 _31_ 号

摘 要	科 目		借方金额										贷方金额										√
	总账科目	明细科目	千	百	十	万	千	百	十	元	角	分	千	百	十	万	千	百	十	元	角	分	
分配职工薪酬费用	生产成本	基本生产成本——第一车间			1	2	1	8	5	6	0	0											
		辅助生产成本——供气车间				1	5	7	7	6	0	0											
	制造费用	第一车间				1	1	4	2	4	0	0											
	管理费用						6	8	0	0	0	0											
	应付职工薪酬	工资													1	1	4	6	0	0	0	0	
		社会保险费														4	1	2	5	6	0	0	
合 计			¥	1	5	5	8	5	6	0	0		¥	1	5	5	8	5	6	0	0		

附件3张

会计主管：张 敏 　　记账：李 达 　　出纳： 　　复核：王 平 　　制单：顾 佳

第四步，登记账簿。

根据审核无误的记账凭证登记基本生产成本二级账（见表8-16）、辅助生产成本明细账（见表8-24）、制造费用明细账（见表8-25）。

实训三　外购动力费用的归集与分配

第一步，取得外购动力费用核算的原始数据。

由成本核算人员与相关岗位人员沟通，取得外购动力费用发票及支付凭证、外购动力耗用情况汇总表原始凭证，如图8-2、图8-3、表8-30所示。

江苏增值税专用发票							No 2017806326		
							开票日期：2022 年 3 月 25 日		
购买方	名 称：豪俊服装厂 纳税人识别号：150443265335671234 地址、电话：无锡市滨湖区太湖西路87号 开户行及账号：建设银行无锡太湖支行6222464654546551						密码区	略	
货物或应税劳务、服务名称	规格型号	单位	数量	单价		金额	税率	税额	
*供电*电力产品		度	18 000	1.00		18 000.00	6%	1 080.00	
合 计		⊗人民币壹万玖仟零捌拾元整					（小写）￥19 080.00		
销售方	名 称：无锡供电公司 纳税人识别号：171626596735671234 地址、电话：无锡市滨湖区太湖东路83号 85866348 开户行及账号：中国工商银行无锡城西支行43289542239						备注	无锡供电公司 1716265967356711234 发票专用章 销售方（章）	
收款人：		复核：			开票人：王文娟				

第三联 发票联 购买方记账凭证

图8-2　外购动力费用发票

同城委托收款凭证（付款通知）

委托日期 2022 年 3 月 28 日　　　　　　　　　　　　　第243671号

付款人	全　称	豪俊服装厂	收款人	全　称	无锡供电公司		
	账号或地址	6222464654546551		账　号	43289542239		
	开户银行	建设银行无锡太湖支行		开户银行	工商银行无锡城西支行	行号	6229

委收金额	人民币（大写）：壹万捌仟元整	千	百	十	万	千	百	十	元	角	分
				￥	1	8	0	0	0	0	0

款项内容	电费	附寄单证张数	

备注：

印章

付款单位注意：
1.劳务供应双方签订协议后方能办理。
2.如无协议，可备函说明情况，向收款单位办理委托收款，将原款划回。

单位主管　　会计　　复核　　记账　　付款人开户行收到日期：2022 年 3 月 30 日

图8-3　外购动力费用付款凭证

表8-30　　　　　　　　　　　外购动力耗用情况汇总表

供电单位：无锡供电公司　　　　　　　2022年3月31日　　　　　　　　　　金额单位：元

部　门	耗电量（度）	单价	金额
第一车间	13 600	1.00	13 600
供气车间	3 400	1.00	3 400
管理部门	1 000	1.00	1 000
合　计	18 000		18 000

会计主管：张　敏　　　　　审核：李　刚　　　　　　制表：郭全福

第二步，编制外购动力费用分配表。

根据上述原始凭证，按受益单位编制的外购动力费用分配表见表8-31。

表8-31　　　　　　　　　　　外购动力费用分配表

2022年3月31日　　　　　　　　　　　　　　　　　　　　　单位：元

应借账户			成本项目或费用项目	费用金额
总账账户	二级账户	明细账户		
制造费用	第一车间		水电费	13 600
生产成本	辅助生产成本	供气车间	水电费	3 400
管理费用			水电费	1 000
外购动力费用合计				18 000

会计主管：张　敏　　　　　审核：李　刚　　　　　　制表：郭全福

第三步，填制记账凭证。

根据审核无误的外购动力费用分配表，编制记账凭证（见表8-32）。

表8-32

记 账 凭 证
2022 年 3 月 31 日
记字第 32 号

摘　要	科　目		借方金额	贷方金额	√
	总账科目	明细科目	千 百 十 万 千 百 十 元 角 分	亿 千 百 十 万 千 百 十 元 角 分	
分配外购动力费用	生产成本	辅助生产成本-供气车间	3 4 0 0 0 0		附件3张
	制造费用	第一车间	1 3 6 0 0 0 0		
	管理费用		1 0 0 0 0 0		
	应交税费	应交增值税（进项税额）	1 0 8 0 0 0		
	银行存款			1 9 0 8 0 0 0	
合　计			¥1 9 0 8 0 0 0	¥1 9 0 8 0 0 0	

会计主管：张　敏　　记账：李　达　　出纳：　　　　　复核：王　平　　制单：顾　佳

第四步，登记账簿。

根据上述审核无误的记账凭证，登记辅助生产成本明细账及制造费用明细账（见表8-24和表8-25）。

实训四　折旧费用的核算

第一步，取得并审核折旧费用核算的原始数据。

由成本核算人员与相关岗位人员沟通，取得企业固定资产原值明细表（见表8-33），经核对无误后作为编制折旧费用计提表的原始数据资料。

表8-33

固定资产原值明细表
2022年3月31日
单位：元

车间、部门	房屋及建筑物	机器设备
第一车间	6 000 000	500 000
供气车间	1 800 000	60 000
管理部门	1 000 000	50 000
合　计	8 800 000	610 000

第二步，编制折旧费用计提表。

根据固定资产原值明细表、分类折旧率及上月固定资产增减变动情况，编制固定资产折旧计提表（见表8-34）。

表8-34 固定资产折旧计提表

2022年3月31日 金额单位：元

使用单位和固定资产类别		原 值	年折旧率（%）	上月计提折旧额	上月增加固定资产的原值	上月减少固定资产的原值	本月应计提折旧额
第一车间	房屋及建筑物	6 000 000	3	15 000			15 000
	机器设备	500 000	6	2 500			2 500
	合计	6 500 000		17 500			17 500
供气车间	房屋及建筑物	1 800 000	3	4 500			4 500
	机器设备	60 000	6	300			300
	合计	1 860 000		4 800			4 800
管理部门	房屋及建筑物	1 000 000	3	2 500			2 500
	机器设备	50 000	6	250			250
	合计	1 050 000		2 750			2 750
合 计							25 050

会计主管：张 敏　　　审核：李 刚　　　制表：郭全福

第三步，编制固定资产折旧费用分配表。

根据固定资产折旧计提表，按固定资产的使用部门编制固定资产折旧费用分配表（见表8-35）。

表8-35 固定资产折旧费用分配表

2022年3月31日 单位：元

应借账户			成本项目或费用项目	费用金额
总账账户	二级账户	明细账户		
制造费用	第一车间		折旧费	17 500
生产成本	辅助生产成本	供气车间	折旧费	4 800
管理费用			折旧费	2 750
折旧费合计				25 050

会计主管：张 敏　　　审核：李 刚　　　制表：郭全福

第四步，填制记账凭证。

根据上述审核无误的固定资产原值明细表、固定资产折旧计提表及固定资产折旧费用分配表编制记账凭证（见表8-36）。

表8-36

记 账 凭 证

2022 年 3 月 31 日　　　　　　　　　　记字第__33__号

摘　要	科　目		借方金额									贷方金额									√
	总账科目	明细科目	千	百	十	万	千	百	十	元	角	分	千	百	十	万	千	百	十	元	角	分	
计提折旧	生产成本	辅助生产成本-供气车间					4	8	0	0	0	0											
	制造费用					1	7	5	0	0	0	0											
	管理费用						2	7	5	0	0	0											
	累计折旧														2	5	0	5	0	0	0		
合　计			¥	2	5	0	5	0	0	0			¥	2	5	0	5	0	0	0			

附件3张

会计主管：张 敏　　记账：李 达　　出纳：　　　　　复核：王 平　　制单：顾 佳

第五步，登记账簿。

根据审核无误的记账凭证登记辅助生产成本明细账、制造费用明细账（见表8-24和表8-25）。

实训五　其他费用的核算

第一步，审核其他费用发生的原始凭证。

其他费用发生的原始凭证如图8-4、图8-5及表8-37所示。

江苏增值税普通发票　　　　№ 2001786326

发 票 联　　开票日期：2022 年 3 月 28 日

购买方	名　　称：豪俊服装厂 纳税人识别号：150443265335671234 地址、电话：无锡市滨湖区太湖西路87号 开户行及账号：建设银行无锡太湖支行6222464654546551				密码区	略		
货物或应税劳务、服务名称	规格型号	单位	数量	单价	金额	税率	税额
*文具*文件袋		只	100	1.00	100.00	3%	3.00
*文具*水笔		盒	12	15.00	180.00	3%	5.40
*文具*胶水		盒	5	12.00	60.00	3%	1.80
*纸制品*笔记本		本	10	23.00	230.00	3%	6.90
*文具*长尾夹		盒	6	20.00	120.00	3%	3.60
合　计	⊗人民币柒佰壹拾元柒角整				（小写）￥710.70		
销售方	名　　称：无锡市晨美文化用品公司 纳税人识别号：171626596855671234 地址、电话：无锡市太湖东路172号85866218 开户行及账号：建设银行滨湖支行4328954223901				备注		

收款人：　　　　复核：　　　　开票人：李民主

图8-4　购货发票

中国建设银行
转账支票存根

支票号码　Ⅻ4151411

科　　目＿＿＿＿＿＿＿＿＿＿

对方科目＿＿＿＿＿＿＿＿＿＿

签发日期　*2022 年 3 月 28 日*

收款人：*无锡市晨美文化用品公司*	
金　额：*¥710.70*	
用　途：*购买办公用品*	
备　注：	

单位主管　　　会计

图8-5　转账支票存根

表8-37　　　　　　　　　　　办公用品领用登记表

序号	日期	物品名称	领用数量	领用部门	领用人	备注
1	3.30	文件袋	100只	管理部门	常静	
2	3.30	水笔	12盒	管理部门	常静	
3	3.30	胶水	5盒	管理部门	常静	
4	3.30	笔记本	10本	管理部门	常静	
5	3.30	长尾夹	6盒	管理部门	常静	

第二步，编制费用分配表。

根据上述审核无误的费用原始凭证，按受益对象编制费用分配表，见表8-38。

表8-38　　　　　　　　　　　办公费用分配表

2022年3月31日　　　　　　　　　　　　　　　　　　　　单位：元

部　　门	办公费用
管理部门	710.70
合　计	710.70

会计主管：*张　敏*　　审核：*李　刚*　　　　制表：*郭全福*

第三步，编制记账凭证。

根据审核无误的费用凭证、费用分配表编制记账凭证（见表8-39）。

表8-39   记 账 凭 证

2022 年 3 月 31 日   记字第_34_号

摘　　要	科　　目		借方金额									贷方金额									√
	总账科目	明细科目	千	百	十	万	千	百	十	元	角	分	千	百	十	万	千	百	十	元	角	分	
购买办公用品	管理费用							7	1	0	7	0											附件2张
	银行存款																	7	1	0	7	0	
合　　计							¥	7	1	0	7	0					¥	7	1	0	7	0	

会计主管：张　敏　　记账：李　达　　出纳：　　　　　　复核：王　平　　制单：顾　佳

任务二　辅助生产费用归集与分配

一、实训目标

1.掌握辅助生产费用归集的核算
2.掌握辅助生产费用分配的核算

二、实训内容与要求

1.能根据辅助生产成本明细账记录正确归集本期辅助生产费用发生额
2.能正确填制辅助生产费用分配表
3.能根据辅助生产费用分配表正确、熟练地编制记账凭证
4.能根据所编制的记账凭证规范、熟练地登记基本生产成本、辅助生产成本及制造费用明细账

三、实训材料

1.劳务供应通知单
2.辅助生产费用分配表
3.通用记账凭证
4.基本生产成本明细账、辅助生产成本明细账、制造费用明细账

四、实训步骤

实训一 归集辅助生产费用

月末，根据辅助生产成本明细账记录，归集本月辅助生产费用的发生额，见表8-24中的"本月合计"。

实训二 分配辅助生产费用

第一步，取得并核对劳务供应单等原始数据。

根据辅助生产车间对外提供产品或劳务的原始凭证，统计各受益单位受益数量，编制劳务供应汇总表（见表8-40）。

表8-40　　　　　　　　　　　　　　劳务供应汇总表

车间名称：供气车间　　　　　　　2022年3月31日　　　　　　　　　单位：立方米

车间及部门		受益数量
第一车间	一般耗用	11 500
管理部门	一般耗用	938
合计		12 438

第二步，编制辅助生产费用分配表。

在Excel工作表中设计"辅助生产费用分配表"计算模板，根据辅助生产成本明细账结计的本月费用发生额及劳务供应汇总表录入待分配费用及各受益单位受益数量等数据，根据直接分配法计算原理定义辅助生产费用分配率、分配金额等计算公式。公式定义完毕后，自动显示结果，见表8-41。

表8-41　　　　　　　　　　　　　　辅助生产费用分配表

2022年3月31日　　　　　　　　　　　　　　　金额单位：元

项　　　　　目				供气车间
待分配辅助生产费用				24 876
辅助生产车间以外的劳务量（立方米）				12 438
辅助生产费用分配率				2
应借账户	制造费用	第一车间	耗用量	11 500
			分配金额	23 000
	管理费用		耗用量	938
			分配金额	1 876
分配金额合计				24 876

主要单元格计算公式说明：

E6=E4/E5　　　　E8=E7*E6　　　　E10=E4-E8　　　　E11=E4

第三步，编制记账凭证。

根据审核无误的辅助生产费用分配表，编制记账凭证（见表8-42）。

表8-42

记 账 凭 证

2022 年 3 月 31 日　　　　　　　　　　记字第 35 号

摘　要	科　目		借方金额										贷方金额										√
	总账科目	明细科目	千	百	十	万	千	百	十	元	角	分	千	百	十	万	千	百	十	元	角	分	
分配辅助生产费用	管理费用						1	8	7	6	0	0											
	制造费用	第一车间				2	3	0	0	0	0	0											
	生产成本	辅助生产成本-供气车间														2	4	8	7	6	0	0	
合　计			￥	2	4	8	7	6	0	0			￥	2	4	8	7	6	0	0			

会计主管：张 敏　　记账：李 达　　出纳：　　　　　复核：王 平　　制单：顾 佳

第四步，登记账簿。

根据审核无误的记账凭证，登记辅助生产成本明细账、制造费用明细账（见表8-24和表8-25）。

任务三　制造费用归集与分配

一、实训目标

1.掌握制造费用归集的核算
2.掌握制造费用分配的核算

二、实训内容与要求

1.能根据制造费用明细账记录正确归集本期制造费用发生额
2.能正确填制制造费用分配表
3.能根据制造费用分配表正确、熟练地编制记账凭证
4.能根据所编制的记账凭证规范、熟练地登记基本生产成本、制造费用明细账

三、实训材料

1.制造费用分配表
2.通用记账凭证
3.基本生产成本明细账、制造费用明细账

四、实训步骤

实训一　归集制造费用

月末，根据制造费用明细账记录，归集本月制造费用的发生额，见表8-25中的"本月合计"。

实训二　分配制造费用

简化分批法下，本月制造费用发生额需先结转至基本生产成本二级账，若本月有完工批次产品，后续再进行累计制造费用的分配。

第一步，编制记账凭证。

根据本月制造费用的发生额，编制结转制造费用的记账凭证，见表8-43。

表8-43

记　账　凭　证

2022 年 3 月 31 日　　　　　　　　　记字第 _36_ 号

摘　要	科　目		借方金额	贷方金额	√
	总账科目	明细科目	千百十万千百十元角分	千百十万千百十元角分	
结转本月制造费用	生产成本	基本生产成本（第一车间）	1 0 5 6 7 4 0 0		附件2张
	制造费用	第一车间		1 0 5 6 7 4 0 0	
合　计			￥1 0 5 6 7 4 0 0	￥1 0 5 6 7 4 0 0	

会计主管：张　敏　　记账：李　达　　出纳：　　　　　复核：王　平　　制单：顾　佳

第二步，登记账簿。

根据审核无误的记账凭证，登记基本生产成本二级账及制造费用明细账，见表8-16、表8-25。

任务四　计算并结转完工产品成本

一、实训目标

1.熟悉生产费用在完工产品与在产品之间分配的方法
2.掌握完工产品成本的计算

二、实训内容与要求

1.能正确计算完工产品与月末在产品的成本，正确填制产品成本计算单
2.能正确填制完工产品成本汇总表
3.能根据产品成本计算单、完工产品成本汇总表、产品入库单等原始凭证正确、熟

练地编制结转完工产品成本的记账凭证

4.能根据记账凭证规范、熟练地登记基本生产成本明细账

三、实训材料

1.产品成本计算单

2.完工产品成本汇总表

3.入库单

4.通用记账凭证

5.基本生产成本明细账

四、实训步骤

第一步，了解本月各批次产品完工情况。

见"企业成本核算概况"（四）。

第二步，计算累计间接计入费用分配率。

根据基本生产成本二级账资料计算累计间接计入费用分配率，并填入基本生产成本二级账（见表8-16）。累计间接计入费用分配率计算过程如下：

（1）累计工资费用分配率=140 000÷16 000=8.75

（2）累计制造费用分配率=120 000÷16 000=7.5

第三步，填制完工批次产品成本计算单。

在Excel工作表中设计"产品成本计算单"计算模板，根据各批次基本生产成本明细账、工时统计表等资料录入月初在产品及本月发生的直接材料费用、耗用的生产工时，根据基本生产成本二级账录入累计间接计入费用分配率，根据投料方式分配材料费用，根据完工产品生产工时及累计间接计入费用分配率定义完工产品分配间接计入费用金额的计算公式。公式定义完毕后，自动显示结果（见表8-44至表8-46）。

表8-44　　　　　　　　　　　　产品成本计算单

产品批别：123　　　　　　　　　　2022年3月31日　　　　　　　　　　金额单位：元

项　目	直接材料	生产工时	直接人工	制造费用	合计
月初在产品成本	35 110	1 200			
本月生产费用及工时		2 000			
生产费用及工时合计	35 110	3 200			
累计数及累计间接计入费用分配率			8.75	7.5	
完工产品成本	35 110	3 200	28 000	24 000	87 110
月末在产品成本	0	0	0	0	0
主要单元格计算公式说明： B6=B4+B5　　C6=C4+C5　　D8=C8*D7　　E8=E7*C8 B8=B6-B9　　C8=C6-C9　　F8=B8+D8+E8　　F9=B9+D9+E9					

表8-45　　　　　　　　　　　　　**产品成本计算单**

产品批别：124　　　　　　　　　2022年3月31日　　　　　　　　　金额单位：元

项　目	直接材料	生产工时	直接人工	制造费用	合计
月初在产品成本	31 880	900			
本月生产费用及工时		1 800			
生产费用及工时合计	31 880	2 700			
累计数及累计间接计入费用分配率			8.75	7.5	
完工产品成本	31 880	2 700	23 625	20 250	75 755
月末在产品成本	0	0	0	0	0
主要单元格计算公式说明：					
B6=B4+B5　　C6=C4+C5　　D8=C8*D7　　E8=E7*C8					
B8=B6-B9　　C8=C6-C9　　F8=B8+D8+E8　　F9=B9+D9+E9					

表8-46　　　　　　　　　　　　　**产品成本计算单**

产品批别：125　　　　　　　　　2022年3月31日　　　　　　　　　金额单位：元

项　目	直接材料	生产工时	直接人工	制造费用	合计
月初在产品成本					
本月生产费用及工时	24 120	3 000			
生产费用及工时合计	24 120	3 000			
累计数及累计间接计入费用分配率			8.75	7.5	
完工产品成本	24 120	3 000	26 250	22 500	72 870
月末在产品成本	0	0	0	0	0
主要单元格计算公式说明：					
B6=B4+B5　　C6=C4+C5　　D8=C8*D7　　E8=E7*C8					
B8=B6-B9　　C8=C6-C9　　F8=B8+D8+E8　　F9=B9+D9+E9					

第四步，填制完工产品成本汇总表。

根据各批次完工产品成本计算单填制完工产品成本汇总表（见表8-47）。

表8-47　　　　　　　　　　　　**完工产品成本汇总表**

2022年3月31日　　　　　　　　　　　　　　　　　　单位：元

生产批号	产品名称	产量	直接材料	直接人工	制造费用	总成本	单位成本
123批	全棉睡衣	200件	35 110	28 000	24 000	87 110	435.55
124批	全棉长裤	250条	31 880	23 625	20 250	75 755	303.02
125批	全棉睡衣	300件	24 120	26 250	22 500	72 870	242.90
合　计			91 110	77 875	66 750	235 735	—

第五步，填制记账凭证。

根据审核无误的各完工批次产品成本计算单及完工产品成本汇总表，补充填写产品入库单单位成本及金额（见表8-48），并根据上述原始凭证编制记账凭证（见表8-49）。

表8-48　　　　　　　　　　　　　产品入库单

仓库：产成品仓库　　　　　　　　2022 年 3 月 31 日　　　　　　　NO.643045432178

种类	产品名称	规格	单位	数量	单位成本	千	百	十	万	千	百	十	元	角	分
123	全棉睡衣		件	200	435.55			8	7	1	1	0	0	0	0
124	全棉长裤		条	250	303.02			7	5	7	5	5	0	0	0
125	全棉睡衣		件	300	242.90			7	2	8	7	0	0	0	0
备　注			合计			¥	2	3	5	7	3	5	0	0

第三联　财务记账

验收：李长征　　　　　　　　　　　　　　填单：林　丽

表8-49　　　　　　　　　　　　　记　账　凭　证

2022 年 3 月 31 日　　　　　　　　　　　记字第 37 号

摘　要	科　目		借方金额										贷方金额										√
	总账科目	明细科目	千	百	十	万	千	百	十	元	角	分	千	百	十	万	千	百	十	元	角	分	
结转完工产品成本	库存商品	123批-全棉睡衣			8	7	1	1	0	0	0	0											
		124批-全棉长裤			7	5	7	5	5	0	0	0											
		125批-全棉睡衣			7	2	8	7	0	0	0	0											
	生产成本	基本生产成本-123批													8	7	1	1	0	0	0	0	
		基本生产成本-124批													7	5	7	5	5	0	0	0	
		基本生产成本-125批													7	2	8	7	0	0	0	0	
合　计			¥	2	3	5	7	3	5	0	0		¥	2	3	5	7	3	5	0	0		

附件 2 张

会计主管：张　敏　　记账：李　达　　出纳：　　　　复核：王　平　　制单：顾　佳

第六步，登记各批次基本生产成本明细账及基本生产成本二级账。

根据审核无误的记账凭证，登记各批次基本生产成本明细账（见表8-17至表8-23），同时在基本生产成本二级账中平行登记完工产品成本，并结计月末在产品成本（见表8-16）。

项目九

产品成本核算的逐步分项结转分步法

思政引导

老木匠乔治的故事

老木匠乔治已经60多岁了。一天，他告诉老板，说自己要退休，回家与妻子儿女享受天伦之乐。老板舍不得木匠，再三挽留，而此时木匠决心已定、不为所动，老板只能答应。最后老板问他是否可以帮忙再建一座房子，老木匠答应了。

但在盖房过程中，老木匠的心已不在工作上。用料也不那么严格，做出来的活儿也全无往日的水准，可以说，他的敬业精神已不复存在。老板看在眼里、记在心里，但没有说什么，只是在房子建好后，把钥匙交给了老木匠。"这是你的房子，"老板说，"我送给你的礼物。"老木匠愣住了，他已记不清自己这一生建了多少好房子，没想到最后却为自己建了这样一座粗制滥造的房子。

资料来源：凉都泡泡飞. 什么是敬业精神［EB/OL］. ［2021-03-23］. https://www.sohu.com/a/456941277_121036693.

问题：老木匠为什么会建出一座粗制滥造的房子？

启示：老木匠之所以会建出一座粗制滥造的房子是因为他没有把敬业精神当作一种优秀的职业品质坚持到底。

敬业精神指的是忠于职守的事业精神，这是职业道德的基础。敬业就是员工应该充分认识本职工作在社会经济活动中的地位和作用，认识本职工作的社会意义和道德价值，具有职业的荣誉感和自豪感，在职业活动中具有高度的劳动热情和创造性，以强烈的事业心、责任感从事工作。

一个人做到一时敬业很容易，但要做到在工作中始终如一，将敬业精神当作自己的一种职业品质却是难能可贵的。敬业精神要求我们做任何事情都要善始善终。因为前面做得再好，也可能会由于最后的不坚持而导致功亏一篑、前功尽弃。

一、实训目标

1.理解逐步分项结转分步法的特点和适用范围

2.理解并掌握逐步分项结转分步法的核算程序

3.能够运用逐步分项结转分步法正确计算企业产品成本

4.正确理解逐步分项结转分步法是多个品种法的衔接，引导学生脚踏实地开展学习和工作，一步一个脚印，打好基础，坚持成长和进步

二、实训内容与要求

1.能正确、熟练地进行要素费用归集与分配的核算

2.能正确、熟练地进行辅助生产费用归集与分配的核算

3.能正确、熟练地进行制造费用归集与分配的核算

4.能正确、熟练地计算出完工产品成本及月末在产品成本

三、实训操作流程

逐步分项结转分步法的操作流程如图9-1所示。

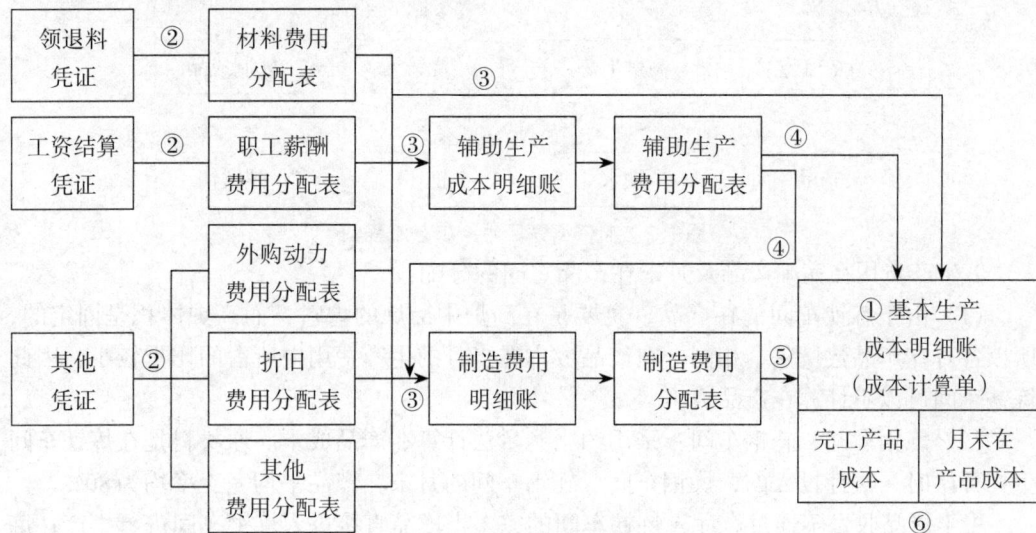

图9-1　逐步分项结转分步法操作流程

1.按照产品生产步骤开设基本生产成本明细账；

2.根据各要素费用原始凭证编制各要素费用分配表；

3.根据各要素费用分配表编制记账凭证，并登记各步骤基本生产成本明细账、辅助生产成本明细账、制造费用明细账等成本费用明细账；

4.分配辅助生产费用并登记相关成本费用明细账；

5.分配制造费用并登记相关成本费用明细账；

6.将每一步骤归集的生产费用在该步骤完工产品与在产品之间进行分配，计算各步骤完工半成品成本及最后步骤产成品成本。

四、业务案例

（一）企业成本核算概况

湘资钢铁厂是一家集炼铁、炼钢、轧钢为一体的钢铁企业，主要生产螺纹钢产品。该厂设有三个基本生产车间（炼铁车间、炼钢车间和轧钢车间）以及两个辅助生产车间（运输车间和动力车间）。产品在三个基本生产车间的生产过程如下：炼铁车间将冶炼出来的铁水送至炼钢车间以供应炼钢炉的需要；炼钢车间浇铸的钢坯经脱模后送至轧钢车间轧制成螺纹钢，以对外出售。生产工艺流程如图9-2所示。

该厂以产品生产所经过的步骤为成本计算对象，采用逐步分项结转分步法进行成本核算。企业产品成本核算要求如下：

1.辅助生产费用的核算：运输车间为企业提供运输服务，动力车间为全厂提供动力

服务。为简化核算，两个辅助生产车间发生的制造费用均不通过"制造费用"账户核算，直接记入"辅助生产成本"账户；辅助生产费用的分配采用直接分配法。

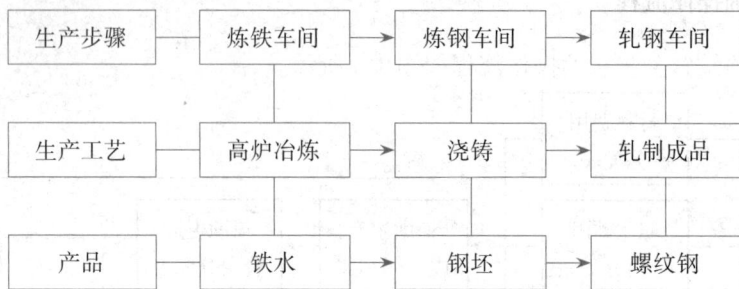

图9-2　湘资钢铁厂生产工艺流程图

2.生产费用在完工产品及月末在产品之间的分配：

（1）由于炼铁车间的在产品，主要是在高炉中冶炼的炉料，而高炉体积是固定的，所以各月在产品数量基本相同，在产品成本在当月的生产费用中所占的比重较小，因此炼铁车间可以不计算在产品成本。

（2）炼钢车间、轧钢车间：采用约当产量法计算在产品成本。原材料是在炼铁车间生产开始时一次性投入的，炼钢车间、轧钢车间的月末在产品平均完工率均为80%。

3.半成品收发不通过仓库，炼铁车间的完工半成品直接进入炼钢车间进行生产；炼钢车间的完工半成品钢坯直接进入轧钢车间进行生产。

（二）月初在产品成本资料

月初在产品成本见表9-1。

表9-1　　　　　　　　　　　月初在产品成本
2022年9月1日
单位：元

生产车间	直接材料	直接人工	制造费用	合计
炼钢车间	32 526	14 838	23 953	71 317
轧钢车间	87 471	26 833	43 341	157 645

（三）本月生产月报统计

本月各车间产品投入、完工及在产品情况见表9-2。

表9-2　　　　　　　　　　　产品产量统计表
2022年9月30日
单位：件

项　目	炼铁车间	炼钢车间	轧钢车间
月初在产品		50	80
本月投入	300	300	320
本月完工	300	320	350
月末在产品		30	50

任务一　要素费用的归集与分配

一、实训目标

1.掌握材料费用归集与分配的核算

2.掌握薪酬费用归集与分配的核算

3.掌握折旧费用归集与分配的核算

4.掌握其他费用归集与分配的核算

二、实训内容与要求

1.能根据相关费用发生的原始凭证正确、熟练地编制材料费用分配表、薪酬费用分配表、折旧及其他费用分配表等原始凭证

2.能根据上述费用分配表或费用发生原始凭证正确、熟练地编制记账凭证

3.能根据所编制的记账凭证规范、熟练地登记基本生产成本、辅助生产成本及制造费用明细账

三、实训材料

1.材料费用分配表

2.薪酬费用分配表

3.折旧及其他费用分配表

4.通用记账凭证

5.基本生产成本明细账、辅助生产成本明细账、制造费用明细账

四、实训步骤

实训一　材料费用的归集与分配

第一步，取得并审核原始凭证。

企业日常领料用于生产，需要填制收料单、限额领料单或领料累计表，不需用的材料要填制退料单，月末根据以上原始凭证编制领料汇总表，再根据领料汇总表编制材料费用分配表。湘资钢铁厂9月份的材料费用分配表见表9-3。

表9-3

材料费用分配表

2022年9月30日　　　　　　　　　　　　　　　　单位：元

应借科目		主要材料	辅助材料	合计
基本生产成本	炼铁车间	351 918		351 918
	炼钢车间	42 588		42 588
	轧钢车间	14 985		14 985

续表

应借科目		主要材料	辅助材料	合计
制造费用	炼铁车间		7 830	7 830
	炼钢车间		6 534	6 534
	轧钢车间		5 481	5 481
辅助生产成本	动力车间		11 916	11 916
	运输车间		7 038	7 038
管理费用			10 674	10 674
合计		409 491	49 473	458 964

第二步，编制记账凭证。

根据上述审核无误的材料费用分配表，编制记账凭证（见表9-4）。

表9-4

记 账 凭 证

2022 年 9 月 30 日　　　　　　　　　　记字第 1 号

摘　要	科　目		借方金额										贷方金额										√
	总账科目	明细科目	亿	千	百	十	万	千	百	十	元	角	分	亿	千	百	十	万	千	百	十	元	角	分	
分配材料费用	基本生产成本	炼铁车间			3	5	1	9	1	8	0	0													
		炼钢车间				4	2	5	8	8	0	0													
		轧钢车间				1	4	9	8	5	0	0													
	辅助生产成本	运输车间					7	0	3	8	0	0													
		动力车间				1	1	9	1	6	0	0													
	制造费用	炼铁车间					7	8	3	0	0	0													
		炼钢车间					6	5	3	4	0	0													
		轧钢车间					5	4	8	1	0	0													
	管理费用					1	0	6	7	4	0	0													
	原材料	主要材料														4	0	9	4	9	1	0	0		
		辅助材料															4	9	4	7	3	0	0		
合　计				¥	4	5	8	9	6	4	0	0			¥	4	5	8	9	6	4	0	0		

附件 1 张

会计主管：梁宏达　　记账：吴 姣　　出纳：　　　　　复核：梁宏达　　制单：吴 姣

第三步，登记成本、费用明细账。

根据审核无误的记账凭证登记辅助生产成本明细账、制造费用明细账、基本生产成本明细账（见表9-15、表9-16、表9-21、表9-22、表9-23、表9-26、表9-29、表9-34）。

实训二　职工薪酬费用的归集与分配

第一步，编制职工薪酬费用分配表。

月末取得工资结算单、工资结算汇总表等原始凭证，经审核无误后据以编制职工薪酬费用分配表（见表9-5）。

表9-5

职工薪酬费用分配表
2022年9月30日

单位：元

应借科目		基础薪酬	津贴	奖金	合计
基本生产成本	炼铁车间				45 247
	炼钢车间				56 952
	轧钢车间				50 040
制造费用	炼铁车间				11 137
	炼钢车间				12 195
	轧钢车间				8 343
辅助生产成本	动力车间				9 241
	运输车间				8 406
管理费用					16 758
合　计					218 319

第二步，编制记账凭证。

根据职工薪酬费用分配表，编制记账凭证（见表9-6）。

表9-6

记　账　凭　证
2022年9月30日

记字第_2_号

摘　要	总账科目	明细科目	借方金额 亿千百十万千百十元角分	贷方金额 亿千百十万千百十元角分	√
分配职工薪酬费用	基本生产成本	炼铁车间	4 5 2 4 7 0 0		
		炼钢车间	5 6 9 5 2 0 0		
		轧钢车间	5 0 0 4 0 0 0		
	辅助生产成本	运输车间	8 4 0 6 0 0		
		动力车间	9 2 4 1 0 0		
	制造费用	炼铁车间	1 1 1 3 7 0 0		
		炼钢车间	1 2 1 9 5 0 0		
		轧钢车间	8 3 4 3 0 0		
	管理费用		1 6 7 5 8 0 0		
	应付职工薪酬	工资		2 1 8 3 1 9 0 0	
合　计			¥2 1 8 3 1 9 0 0	¥2 1 8 3 1 9 0 0	

会计主管：梁宏达　　记账：吴　姣　　出纳：　　　　　复核：梁宏达　　制单：吴　姣

第三步，登记成本、费用明细账。

根据审核无误的记账凭证登记辅助生产成本明细账、制造费用明细账、基本生产成本明细账（见表9-15、表9-16、表9-21、表9-22、表9-23、表9-26、表9-29、表9-34）。

实训三　折旧费用的归集和分配

第一步，编制固定资产折旧费用分配表。

月末财会部门根据折旧计算表编制固定资产折旧费用分配表（见表9-7）。

表9-7　　　　　　　　　　固定资产折旧费用分配表

2022年9月30日　　　　　　　　　　　　　　　单位：元

应借账户			月折旧额
制造费用	炼铁车间	房屋	8 100
		机器设备	53 640
	炼钢车间	房屋	9 675
		机器设备	49 230
	轧钢车间	房屋	14 715
		机器设备	10 062
辅助生产成本	运输车间	房屋	3 384
		机器设备	5 537
	动力车间	房屋	972
		机器设备	4 108
管理费用	管理部门	房屋	1 352
		机器设备	12 631
合　计			173 406

第二步，编制记账凭证。

根据折旧费用分配表，编制记账凭证（见表9-8）。

表9-8　　　　　　　　　　记　账　凭　证

2022 年 9 月 30 日　　　　　　　　　　　　记字第 _3_ 号

摘　要	科　目		借方金额										贷方金额										√
	总账科目	明细科目	亿	千	百	十	万	千	百	十	元	角	分	亿	千	百	十	万	千	百	十	元	角	分	
计提本月固定资	辅助生产成本	运输车间					8	9	2	1	0	0													
产折旧费		动力车间					5	0	8	0	0	0													
	制造费用	炼铁车间				6	1	7	4	0	0	0													
		炼钢车间				5	8	9	0	5	0	0													
		轧钢车间				2	4	7	7	7	0	0													
	管理费用	折旧费				1	3	9	8	3	0	0													
	累计折旧															1	7	3	4	0	6	0	0	
合　计					¥	1	7	3	4	0	6	0	0			¥	1	7	3	4	0	6	0	0	

附件1张

会计主管：梁宏达　　记账：吴姣　　出纳：　　　　　复核：梁宏达　　制单：吴姣

第三步，登记成本、费用明细账。

根据审核无误的记账凭证登记辅助生产成本明细账、制造费用明细账（见表9-15、表9-16、表9-21、表9-22和表9-23）。

实训四　其他费用的归集和分配

第一步，编制其他费用分配表。

取得并审核其他费用发生的原始凭证，按费用耗用部门进行汇总后编制其他费用分配表（见表9-9）。

表9-9

其他费用分配表

2022年9月30日

单位：元

应借账户		差旅费	办公费	水费	其他	合计
制造费用	炼铁车间	5 760	864	6 282	810	13 716
	炼钢车间	2 880	1 008	8 100	702	12 690
	轧钢车间	4 860	1 134	4 410	666	11 070
辅助生产成本	运输车间	5 040	612	2 376	421	8 449
	动力车间	1 980	954	3 708	396	7 038
管理费用		5 400	1 764	2 376	1 800	11 340
合计		25 920	6 336	27 252	4 795	64 303

第二步，编制记账凭证。

根据其他费用分配表，编制记账凭证（见表9-10）。

表9-10

记账凭证

2022年9月30日

记字第_4_号

摘要	科目		借方金额										贷方金额										√
	总账科目	明细科目	亿	千	百	十	万	千	百	十	元	角	分	亿	千	百	十	万	千	百	十	元	角	分
分配其他费用	辅助生产成本	运输车间					8	4	4	9	0	0											
		动力车间					7	0	3	8	0	0											
	制造费用	炼铁车间				1	3	7	1	6	0	0											
		炼钢车间				1	2	6	9	0	0	0											
		轧钢车间				1	1	0	7	0	0	0											
	管理费用	其他				1	1	3	4	0	0	0											
	累计折旧															6	4	3	0	3	0	0	
合计					¥	6	4	3	0	3	0	0			¥	6	4	3	0	3	0	0	

附件1张

会计主管：梁宏达　　记账：吴姣　　出纳：　　复核：梁宏达　　制单：吴姣

第三步，登记成本、费用明细账。

根据上述审核无误的记账凭证（见表9-10）登记辅助生产成本明细账、制造费用明细账（见表9-15、表9-16、表9-21、表9-22和表9-23）。

任务二　辅助生产费用的分配

一、实训目标

1.掌握辅助生产费用的归集方法

2.掌握辅助生产费用的分配方法

二、实训内容与要求

1.能根据辅助生产成本明细账记录正确归集本期辅助生产费用发生额

2.能正确填制辅助生产费用分配表

3.能根据辅助生产费用分配表正确、熟练地编制记账凭证

4.能根据所编制的记账凭证规范、熟练地登记辅助生产成本及制造费用明细账

三、实训材料

1.辅助生产车间劳务供应的汇总计算表

2.通用记账凭证

3.辅助生产成本明细账、制造费用明细账

四、实训步骤

运输车间和动力车间的劳务供应通知单原始数据见表9-11和表9-12。

表9-11　　　　　　　　　　　　劳务供应通知单

车间名称：运输车间　　　　　　　　2022年9月　　　　　　　　　　单位：千米

车间、部门	炼铁车间	炼钢车间	轧钢车间	动力车间	行政管理部门	合计
受益数量	90	867.60	920	30	310	2 217.60

表9-12　　　　　　　　　　　　劳务供应通知单

车间名称：动力车间　　　　　　　　2022年9月　　　　　　　　　　单位：度

车间、部门	炼铁车间	炼钢车间	轧钢车间	运输车间	行政管理部门	合计
受益数量	16 700	22 000	17 100	800	4 700	61 300

第一步，编制辅助生产费用分配表。

根据辅助生产成本明细账（见表9-15和表9-16）、劳务供应通知单，采用直接分配

法编制辅助生产费用分配表。

在Excel工作表中设计"辅助生产费用分配表"计算模板，根据辅助生产成本明细账结计的本月费用发生额和劳务供应通知单录入待分配费用及各受益单位受益数量等数据，根据直接分配法原理定义费用分配率、分配金额等计算公式。公式定义完毕后，自动显示结果（见表9-13）。

表9-13　　　　　　　　　　　　　辅助生产费用分配表

2022年9月30日　　　　　　　　　　　　　　　　　金额单位：元

项目		运输车间	动力车间	合计
待分配费用总额（元）		32 814	33 275	66 089
向辅助生产车间以外单位提供劳务总量		2 187.60千米	60 500度	—
单位成本（分配率）		15元/千米	0.55元/度	—
炼铁车间	劳务量	90	16 700	—
	金额	1 350	9 185	10 535
炼钢车间	劳务量	867.60	22 000	—
	金额	13 014	12 100	25 114
轧钢车间	劳务量	920	17 100	—
	金额	13 800	9 405	23 205
行政管理部门	劳务量	310	4 700	—
	金额	4 650	2 585	7 235
金额合计		32 814	33 275	66 089

主要单元格计算公式说明：

C6=C4/C5　　　D6=D4/D5　　　C8=C7*C6　　　D8=D7*D6　　　C10=C9*C6

D10=D9*D6　　C12=C11*C6　　　D12=D11*D6　　　C14=C13*C6　　　D14=D13*D6

C15=C8+C10+C12+C14　　　D15=D8+D10+D12+D14　　　E4=C4+D4　　　E8=C8+D8

E10=C10+D10　　E12=C12+D12　　　E14=C14+D14　　　E15=C15+D15

第二步，编制记账凭证。

根据辅助生产费用分配表编制记账凭证（见表9-14）。

表9-14　　　　　　　　　　　　　记　账　凭　证

2022 年 9 月 30 日　　　　　　　　　　　　　　　　记字第 5 号

摘　要	科　目		借方金额										贷方金额										√
	总账科目	明细科目	亿	千	百	十	万	千	百	十	元	角	分	亿	千	百	十	万	千	百	十	元	角	分	
分配辅助生产费用	制造费用	炼铁车间					1	0	5	3	5	0	0												
		炼钢车间					2	5	1	1	4	0	0												
		轧钢车间					2	3	2	0	5	0	0												
	管理费用	其他						7	2	3	5	0	0												
	辅助生产成本	运输车间																3	2	8	1	4	0	0	
		动力车间																3	3	2	7	5	0	0	
合　　计						¥	6	6	0	8	9	0	0				¥	6	6	0	8	9	0	0	

附件1张

会计主管：梁宏达　　记账：吴　姣　　出纳：　　　　　　复核：梁宏达　　制单：吴　姣

第三步，登记成本、费用明细账。

根据上述审核无误的记账凭证登记辅助生产成本明细账、制造费用明细账（见表9-15、表9-16、表9-21、表9-22和表9-23）。

表9-15　　　　　　　　　　　　　辅助生产成本明细账

车间名称：运输车间

2022年		凭证号数	摘要	费用项目				
月	日			材料费	职工薪酬	折旧费	其他	合计
9	30	记1#	分配材料费用	7 038				7 038
	30	记2#	分配职工薪酬费用		8 406			15 444
	30	记3#	计提固定资产折旧			8 921		24 365
	30	记4#	分配其他费用				8 449	32 814
	30	记5#	分配辅助生产费用	7 038	8 406	8 921	8 449	32 814

表9-16　　　　　　　　　　　　　辅助生产成本明细账

车间名称：动力车间

2022年		凭证号数	摘要	费用项目				
月	日			材料费	职工薪酬	折旧费	其他	合计
9	30	记1#	分配材料费用	11 916				11 916
	30	记2#	分配职工薪酬费用		9 241			21 157
	30	记3#	计提固定资产折旧			5 080		26 237
	30	记4#	分配其他费用				7 038	33 275
	30	记5#	分配辅助生产费用	11 916	9 241	5 080	7 038	33 275

任务三　制造费用的归集与分配

一、实训目标

1.掌握制造费用的归集方法

2.掌握制造费用的分配方法

二、实训内容与要求

1.能根据制造费用明细账记录正确归集本期制造费用发生额

2.能正确填制制造费用分配表

3.能根据制造费用分配表正确、熟练地编制记账凭证

4.能根据所编制的记账凭证规范、熟练地登记基本生产成本明细账、制造费用明细账

三、实训材料

1.基本生产车间间接费用的分配结算表单

2.通用记账凭证

3.基本生产成本明细账、制造费用明细账

四、实训步骤

第一步，月末归集制造费用。

根据各车间制造费用明细账归集各车间的制造费用总额，见表9-21、表9-22和表9-23中合计行借方发生额。

第二步，月末分配制造费用。

根据制造费用明细账归集的本期制造费用发生额，编制制造费用分配表（见表9-17至表9-19）。由于各基本生产车间只生产一种产品，因此按车间归集的制造费用可以直接结转至各车间的产品成本中。

表9-17　　　　　　　　　　　　制造费用分配表

车间名称：炼铁车间　　　　　　　　2022年9月30日　　　　　　　　金额单位：元

借方科目		生产工时	分配率	金额
基本生产成本	炼铁车间		100%	104 958
合　计				104 958

审核：章　平　　　　　　　　　　　制单：王　冰

表9-18　　　　　　　　　　　　制造费用分配表

车间名称：炼钢车间　　　　　　　　2022年9月30日　　　　　　　　金额单位：元

借方科目		生产工时	分配率	金额
基本生产成本	炼钢车间		100%	115 438
合　计				115 438

审核：章　平　　　　　　　　　　　制单：王　冰

表9-19　　　　　　　　　　　　制造费用分配表

车间名称：轧钢车间　　　　　　　　2022年9月30日　　　　　　　　金额单位：元

借方科目		生产工时	分配率	金额
基本生产成本	轧钢车间		100%	72 876
合　计				72 876

审核：章　平　　　　　　　　　　　制单：王　冰

第三步，编制记账凭证。

根据上述审核无误的制造费用分配表，编制记账凭证（见表9-20）。

表9-20   记 账 凭 证

2022 年 9 月 30 日   记字第 _6_ 号

摘　　要	科　目		借方金额										贷方金额										√
	总账科目	明细科目	亿	千	百	十	万	千	百	十	元	角	分	亿	千	百	十	万	千	百	十	元	角	分
分配制造费用	基本生产成本	炼铁车间			1	0	4	9	5	8	0	0												
		炼钢车间			1	1	5	4	3	8	0	0												
		轧钢车间				7	2	8	7	6	0	0												
	制造费用	炼铁车间														1	0	4	9	5	8	0	0
		炼钢车间														1	1	5	4	3	8	0	0
		轧钢车间															7	2	8	7	6	0	0
合　计			¥		2	9	3	2	7	2	0	0		¥		2	9	3	2	7	2	0	0

附件1张

会计主管：梁宏达　　记账：吴 姣　　出纳：　　　　　复核：梁宏达　　制单：吴 姣

第四步，登记成本、费用明细账。

根据上述审核无误的记账凭证（见表9-20）登记各车间制造费用明细账、基本生产成本明细账（见表9-21、表9-22、表9-23、表9-26、表9-29和表9-34）。

表9-21   制造费用明细账

车间名称：炼铁车间

2022年		凭证号数	摘要	借方发生额	费用项目			
月	日				材料费	职工薪酬	折旧费	其他
9	30	记1#	分配材料费用	7 830	7 830			
	30	记2#	分配职工薪酬费用	11 137		11 137		
	30	记3#	计提固定资产折旧	61 740			61 740	
	30	记4#	分配其他费用	13 716				13 716
	30	记5#	分配辅助生产费用	10 535				10 535
	30		本月合计	104 958	7 830	11 137	61 740	24 251
	30	记6#	分配制造费用	104 958	7 830	11 137	61 740	24 251

表9-22 制造费用明细账

车间名称：炼钢车间

2022年		凭证号数	摘要	借方发生额	费用项目			
月	日				材料费	职工薪酬	折旧费	其他
9	30	记1#	分配材料费用	6 534	6 534			
	30	记2#	分配职工薪酬费用	12 195		12 195		
	30	记3#	计提固定资产折旧	58 905			58 905	
	30	记4#	分配其他费用	12 690				12 690
	30	记5#	分配辅助生产费用	25 114				25 114
	30		本月合计	115 438	6 534	12 195	58 905	37 804
	30	记6#	分配制造费用	115 438	6 534	12 195	58 905	37 804

表9-23 制造费用明细账

车间名称：轧钢车间

2022年		凭证号数	摘要	借方发生额	费用项目			
月	日				材料费	职工薪酬	折旧费	其他
9	30	记1#	分配材料费用	5 481	5 481			
	30	记2#	分配职工薪酬费用	8 343		8 343		
	30	记3#	计提固定资产折旧	24 777			24 777	
	30	记4#	分配其他费用	11 070				11 070
	30	记5#	分配辅助生产费用	23 205				23 205
	30		本月合计	72 876	5 481	8 343	24 777	34 275
	30	记6#	分配制造费用	72 876	5 481	8 343	24 777	34 275

任务四　计算和结转完工产品成本

一、实训目标

1.掌握逐步分项结转分步法的核算程序

2.能运用逐步分项结转分步法计算完工产品与在产品成本

二、实训内容与要求

1.能正确计算完工产品与月末在产品的成本，正确填制产品成本计算单

2.能正确填制完工产品成本汇总表

3.能根据产品成本计算单、完工产品成本汇总表、产品入库单等原始凭证正确、熟练地编制记账凭证

4.能根据记账凭证规范、熟练地登记基本生产成本明细账

三、实训材料

1.基本生产成本明细账

2.通用记账凭证

3.成本计算单、产品成本汇总表

四、实训步骤

计算和结转半成品成本和完工产品成本的相关资料见表9-26、表9-29和表9-34。

实训一　计算炼铁车间完工半成品成本和在产品成本

第一步，填制炼铁车间的产品成本计算单。

根据炼铁车间基本生产成本明细账（见表9-26），填制炼铁车间的产品成本计算单（见表9-24）。由于本步骤不计算在产品成本，故本月发生的全部生产费用即为完工半成品成本，直接转入下一步骤炼钢车间。

表9-24　　　　　　　　　　　　产品成本计算单

车间名称：炼铁车间　　　　　　　　2022年9月30日　　　　　　　　单位：元

项　目	直接材料	直接人工	制造费用	合计
月初在产品成本	0	0	0	0
本月生产费用	351 918	45 247	104 958	502 123
生产费用合计	351 918	45 247	104 958	502 123
完工半成品成本	351 918	45 247	104 958	502 123
月末在产品成本	0	0	0	0

第二步，编制记账凭证。

根据产品成本计算单编制结转炼铁车间完工半成品成本的记账凭证（见表9-25）。

表9-25

记 账 凭 证

2022 年 9 月 30 日　　　　　　　　　　　　　　记字第_7_号

摘　要	科　目		借方金额	贷方金额	√
	总账科目	明细科目	亿 千 百 十 万 千 百 十 元 角 分	亿 千 百 十 万 千 百 十 元 角 分	
结转炼铁车间完工	基本生产成本	炼钢车间	5 0 2 1 2 3 0 0		附件1张
半成品成本	基本生产成本	炼铁车间		5 0 2 1 2 3 0 0	
合　计			¥ 5 0 2 1 2 3 0 0	¥ 5 0 2 1 2 3 0 0	

会计主管：梁宏达　　记账：吴姣　　出纳：　　　　复核：梁宏达　　制单：吴姣

第三步，登记基本生产成本明细账。

根据上述审核无误的记账凭证登记炼铁车间和炼钢车间的基本生产成本明细账（见表9-26和表9-29）。

表9-26

基本生产成本明细账

车间名称：炼铁车间

2022年		凭证号数	摘要	直接材料	直接人工	制造费用	合计
月	日						
9	30	记1#	分配材料费用	351 918			351 918
	30	记2#	分配职工薪酬费用		45 247		397 165
	30	记6#	分配制造费用			104 958	502 123
	30		生产费用合计	351 918	45 247	104 958	502 123
	30	记7#	结转完工半成品成本	351 918	45 247	104 958	502 123

实训二　计算炼钢车间完工半成品成本和在产品成本

第一步，填制炼钢车间的产品成本计算单。

根据炼钢车间基本生产成本明细账（见表9-29），填制炼钢车间的产品成本计算单。对月初在产品成本、本月投入生产费用、分项转入的炼铁车间完工半成品成本进行加总，采用约当产量法，在本步骤的完工半成品和月末在产品之间分配，计算出的本步骤完工半成品成本直接转入下一步骤轧钢车间。

在 Excel 工作表中设计"产品成本计算单"计算模板，根据生产费用合计数和完工产品数量、在产品的约当产量等数据，定义费用分配率、分配金额等计算公式。公式定义完毕后，自动显示结果（见表9-27）。

表9-27 产品成本计算单

车间名称：炼钢车间　　　　　　　　　　2022年9月30日　　　　　　　　　　金额单位：元

项　目	直接材料	直接人工	制造费用	合计
月初在产品成本	32 526	14 838	23 953	71 317
本月生产费用	42 588	56 952	115 438	214 978
上一步骤转入半成品成本	351 918	45 247	104 958	502 123
生产费用合计	427 032	117 037	244 349	788 418
完工半成品数量	320	320	320	—
月末在产品约当产量	30	24	24	—
约当总量	350	344	344	—
费用分配率（单位成本）	1 220.0914	340.2238	710.3169	2 270.6321
完工半成品成本	390 429	108 872	227 301	726 602
月末在产品成本	36 603	8 165	17 048	61 816

主要单元格计算公式说明：

C9=30*80%　　D9=30*80%　　B11=B7/B10　　C11=C7/C10　　D11=D7/D10

B12=B11*B8　　C12=C11*C8　　D12=D11*D8　　B13=B7-B12　　C13=C7-C12

D13=D7-D12　　E12=B12+C12+D12　　E13=B13+C13+D13

第二步，编制记账凭证。

根据产品成本计算单编制结转炼钢车间完工半成品成本的记账凭证（见表9-28）。

表9-28 记账凭证

2022年9月30日　　　　　　　　　　　　　　　　　　记字第__8__号

摘　要	科　目		借方金额										贷方金额										
	总账科目	明细科目	亿	千	百	十	万	千	百	十	元	角	分	亿	千	百	十	万	千	百	十	元	角	分
结转炼钢车间完工	基本生产成本	轧钢车间				7	2	6	6	0	2	0	0											
半成品成本	基本生产成本	炼钢车间															7	2	6	6	0	2	0	0
合　计					¥	7	2	6	6	0	2	0	0			¥	7	2	6	6	0	2	0	0

附件1张

会计主管：梁宏达　　记账：吴 姣　　出纳：　　　复核：梁宏达　　制单：吴 姣

第三步，登记基本生产成本明细账。

根据上述审核无误的记账凭证，登记炼钢车间和轧钢车间的基本生产成本明细账（见表9-29和表9-34）。

表9-29 基本生产成本明细账

车间名称：炼钢车间

2022年 月	日	凭证 号数	摘要	直接材料	直接人工	制造费用	合计
9	1		月初余额	32 526	14 838	23 953	71 317
	30	记1#	分配材料费用	42 588			42 588
	30	记2#	分配职工薪酬费用		56 952		56 952
	30	记6#	分配制造费用			115 438	115 438
	30	记7#	上一步骤转入半成品成本	351 918	45 247	104 958	502 123
	30		生产费用合计	427 032	117 037	244 349	788 418
	30	记8#	结转完工半成品成本	390 429	108 872	227 301	726 602
	30		月末在产品成本	36 603	8 165	17 048	61 816

实训三 计算轧钢车间完工产品成本和在产品成本

第一步，填制轧钢车间的产品成本计算单。

根据轧钢车间基本生产成本明细账（见表9-34），填制轧钢车间的产品成本计算单。对月初在产品成本、本月投入生产费用、分项转入的炼钢车间完工半成品成本进行加总，采用约当产量法，在本步骤的完工产品和月末在产品之间分配，计算出本步骤完工产品成本和月末在产品成本。

在Excel工作表中设计"产品成本计算单"计算模板，根据生产费用合计数和完工产品数量、在产品的约当产量等数据，定义费用分配率、分配金额等计算公式。公式定义完毕后，自动显示结果（见表9-30）。

表9-30 产品成本计算单

车间名称：轧钢车间　　　　　　　　　　　2022年9月30日　　　　　　　　　　　金额单位：元

项 目	直接材料	直接人工	制造费用	合计
月初在产品成本	87 471	26 833	43 341	157 645
本月生产费用	14 985	50 040	72 876	137 901
上一步骤转入半成品成本	390 429	108 872	227 301	726 602
生产费用合计	492 885	185 745	343 518	1 022 148
完工产品数量	350	350	350	
月末在产品约当产量	50	40	40	—
约当总量	400	390	390	—
费用分配率（单位成本）	1 232.2125	476.2692	880.8154	2 589.2971
完工产品成本	431 274	166 694	308 285	906 253
月末在产品成本	61 611	19 051	35 233	115 895
主要单元格计算公式说明： C9=50*80% D9=50*80% B11=B7/B10 C11=C7/C10 D11=D7/D10 B12=B11*B8 C12=C11*C8 D12=D11*D8 B13=B7−B12 C13=C7−C12 D13=D7−D12 E12=B12+C12+D12 E13=B13+C13+D13				

第二步，编制完工产品成本汇总表。

根据表9-30编制完工产品成本汇总表（见表9-31）。

表9-31 完工产品成本汇总表

2022年9月30日

金额单位：元

产品名称	产量（件）	直接材料	直接人工	制造费用	合计
螺纹钢	350	431 274	166 694	308 285	906 253
合　计		431 274	166 694	308 285	906 253

第三步，填写产成品入库单。

根据轧钢车间完工产品成本计算单（见表9-30）及完工产品成本汇总表（见表9-31），填写产品入库单（见表9-32）。

表9-32 产成品入库单

交库单位：轧钢车间　　　　　　　2022年9月30日　　　　仓库：螺纹钢仓库　　编号：559

产品编号	产品名称	规格	计量单位	数量（件）		单位成本	总成本（元）	备注
				送检	实收			
	螺纹钢			350	350		906 253	

仓库主管：乔志伟　　　　保管员：曾德馨　　　　记账：吴姣　　　制单：曾德馨

第四步，编制记账凭证。

根据产成品入库单（见表9-32）编制完工产品入库的记账凭证（见表9-33）。

表9-33 记账凭证

2022年9月30日

记字第 9 号

摘要	科目		借方金额	贷方金额	√
	总账科目	明细科目	亿千百十万千百十元角分	亿千百十万千百十元角分	
结转完工产品成本	库存商品	螺纹钢	9 0 6 2 5 3 0 0		
	基本生产成本	轧钢车间		9 0 6 2 5 3 0 0	附件1张
合　计			￥9 0 6 2 5 3 0 0	￥9 0 6 2 5 3 0 0	

会计主管：梁宏达　　记账：吴姣　　出纳：　　　复核：梁宏达　　制单：吴姣

第五步，登记基本生产成本明细账。

根据上述审核无误的记账凭证登记轧钢车间基本生产成本明细账（见表9-34）。

表9-34　　　　　　　　　　　　基本生产成本明细账

车间名称：轧钢车间

2022年		凭证号数	摘要	直接材料	直接人工	制造费用	合计
月	日						
9	1		月初余额	87 471	26 833	43 341	157 645
	30	记1#	分配材料费用	14 985			14 985
	30	记2#	分配职工薪酬费用		50 040		50 040
	30	记6#	分配制造费用			72 876	72 876
	30	记8#	上一步骤转入半成品成本	390 429	108 872	227 301	726 602
	30		生产费用合计	492 885	185 745	343 518	1 022 148
	30	记9#	结转完工产品成本	431 274	166 694	308 285	906 253
	30		月末在产品成本	61 611	19 051	35 233	115 895

项目十

产品成本计算的逐步综合结转分步法

思政引导

　　2021年初，一则"广州出现招工逆向潮，老板排队站街被工人挑"的新闻引起广泛关注。当地服装厂老板在接受媒体采访时称："现在是工人挑老板，简单工作招到人的概率还大一些，比较麻烦的工作根本没人愿意做，日收入五六百元仍很难招到人。"事实上，这一社会现象不仅侧面反映了我国中低端制造业目前所面临的窘境，而且涉及更多复杂和多元的深层次因素，如：我国经济结构调整、工资增长缓慢等经济因素，也有用工企业歧视、技术培训缺乏等非经济因素。可以看出经济发展进程中我国中低端产业面临的窘境，只有实现产业升级，使其逐步走向中高端，相关产业才能继续在国内生存和发展。顺应发展潮流，主动实施产业转移、培育工匠精神、缓解老龄化等都是当前紧迫又必须完成的任务。

　　资料来源：国家发展和改革委员会宏观经济研究院. 以产业升级破解劳动力短缺问题［EB/OL］.［2023-04-06］. https://www.ndrc.gov.cn/wsdwhfz/202104/t20210406_1271764.html.

　　问题：如何看待企业职工薪酬成本的控制问题？

　　启示：职工薪酬成本是企业总成本的一个重要构成项目。由于经济危机或经济结构性改革，成本管理工作受到了较大的冲击，在此情况下，企业要做的就是裁员或者调整薪酬，以降低内部成本，但是这种做法只在短期内可取，长此以往会降低企业的整体运营效益，导致劳动力短缺或者劳动力效率低下，产业升级和工匠精神才是企业长期生存的主要途径。

一、实训目标

1.理解逐步综合结转分步法的特点和适用范围

2.理解并掌握逐步综合结转分步法的核算程序

3.能够运用逐步综合结转分步法正确计算企业产品成本

4.培养学生廉洁自律、合规守法的法治意识和规则意识，培养学生自主学习、团队协作的能力

二、实训内容与要求

1.能正确、熟练地进行各步骤要素费用归集与分配的核算

2.能正确、熟练地进行各步骤辅助生产费用归集与分配的核算

3.能正确、熟练地进行各步骤制造费用归集与分配的核算

4.能正确、熟练地计算出各步骤完工产品成本及月末在产品成本

三、实训操作流程

逐步综合结转分步法的操作流程如图10-1所示。

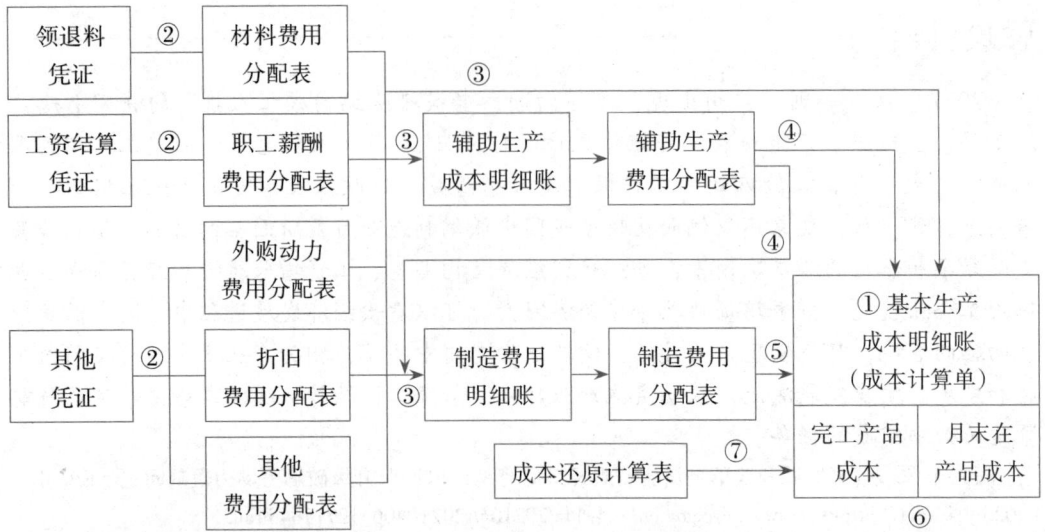

图10-1　逐步综合结转分步法的操作流程

1.按照产品生产步骤开设基本生产成本明细账;

2.根据各要素费用原始凭证编制各要素费用分配表;

3.根据各要素费用分配表编制记账凭证,并登记各步骤基本生产成本明细账、辅助生产成本明细账、制造费用明细账等成本费用明细账;

4.分配辅助生产费用并登记相关成本费用明细账;

5.分配制造费用并登记相关成本费用明细账;

6.将每一步骤归集的生产费用在该步骤完工产品与在产品之间进行分配,计算各步骤完工半成品成本及最后步骤产成品成本;

7.从最后一生产步骤开始,按从后到前的顺序,将产成品成本中所含各步骤半成品的综合成本进行成本还原,编制成本还原计算表。

四、业务案例

(一)企业成本核算概况

宏达钢铁厂是国内一家集炼铁、炼钢、轧钢为一体的钢铁企业,主要生产螺纹钢产品。该厂设有三个基本生产车间(炼铁车间、炼钢车间和轧钢车间)以及两个辅助生产车间(运输车间和动力车间)。产品由三个基本生产车间完成,其中炼铁车间将冶炼出来的铁水送至炼钢车间以供应炼钢炉的需要;炼钢车间浇铸的钢锭脱模后送至轧钢车间轧制成螺纹钢,以对外出售。

螺纹钢的生产工艺流程如图10-2所示。

该厂以产品生产所经过的步骤为成本计算对象,采用逐步综合结转分步法进行成本核算,并采用成本还原率法进行成本还原。企业产品成本核算要求如下:

1."基本生产成本"明细账内设"自制半成品""直接材料""直接人工""制造费用"四个成本项目。

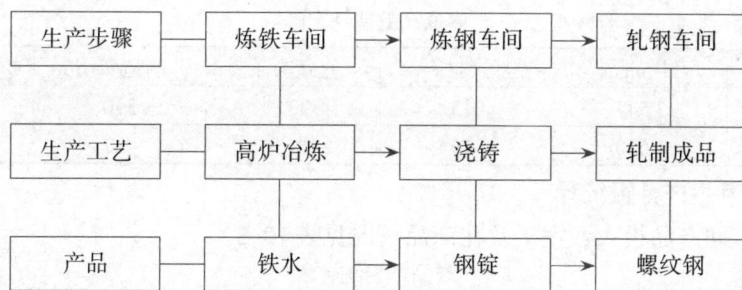

图10-2 螺纹钢生产工艺流程图

2.辅助生产费用的核算。

运输车间为企业提供运输服务，动力车间为全厂提供动力服务。为简化核算，两个辅助生产车间发生的制造费用均不通过"制造费用"账户核算，直接记入"辅助生产成本"账户；辅助生产费用的分配采用直接分配法。

3.生产费用在完工产品及月末在产品之间的分配。

该厂生产比较稳定且定额指标制定比较合理，故采用定额成本法计算在产品成本。具体如下：

（1）炼铁车间：由于炼铁车间的在产品，主要是在高炉中冶炼的炉料，而高炉体积是固定的，因此各月在产品数量基本相同，在产品成本在当月的生产费用中所占的比重较小，因此可以不计算在产品成本。

（2）炼钢车间：炼钢车间的在产品包括两种：一是冶炼中的炉料，各月数量基本相同，可以不计算成本。二是尚未脱模或已脱模尚待精整、检验的钢锭，采用定额成本法计算在产品成本。

（3）轧钢车间：采用定额成本法计算在产品成本。

4.半成品收发是否通过仓库。

炼铁车间冶炼的铁水直接进入炼钢车间进行生产，不通过自制半成品仓库收发；炼钢车间的完工半成品钢锭通过自制半成品仓库收发，并登记自制半成品成本明细账，轧钢车间领用上一步骤产品时采用全月一次加权平均法计算并结转半成品钢锭的实际成本。

（二）期初在产品资料

1.各生产车间月初在产品资料见表10-1。

表10-1

月初在产品成本

2022年11月1日

单位：元

生产车间	半成品	直接材料	直接人工	制造费用	合计
炼钢车间	21 525	1 785	2 445	3 960	29 715
轧钢车间	38 375	2 388	3 369	5 178	49 310

2.钢锭仓库期初余额：数量100件，单价2 000元，共计200 000元。

（三）单位产品消耗定额

各生产车间产品消耗定额见表10-2。

表10-2　　　　　　　　　　　单位产品消耗定额　　　　　　　　　　单位：元

生产车间	半成品	直接材料	直接人工	制造费用	合计
炼钢车间	3 547	213	331	510	4 601
轧钢车间	1 650	19	56	37	1 762

（四）本月生产月报统计

本月各车间产品投入、完工及在产品情况见表10-3。

表10-3　　　　　　　　　　　产品产量统计表

2022年11月30日　　　　　　　　　　　　　　单位：件

项　目	炼铁车间	炼钢车间	轧钢车间
月初在产品		13	20
本月投入	140	140	140
本月完工	140	150	150
月末在产品		3	10

任务一　要素费用的归集与分配

一、实训目标

1.掌握材料费用的归集与分配

2.掌握职工薪酬费用的归集与分配

3.掌握折旧费用的归集与分配

4.掌握其他费用的归集与分配

二、实训内容与要求

1.能按照会计法律法规的规定审核相关原始凭证的合法性、合规性及合理性

2.能根据相关费用发生的原始凭证正确、熟练地编制材料费用分配表、薪酬费用分配表、折旧及其他费用分配表等原始凭证

3.能按照企业会计准则和《企业产品成本核算制度（试行）》的规定，根据各费用分配表或费用发生原始凭证正确、熟练地编制记账凭证

4.能根据所编制的记账凭证正确、规范、熟练地登记基本生产成本、辅助生产成本及制造费用明细账

三、实训材料

1.材料费用分配表

2.薪酬费用分配表

3.折旧及其他费用分配表

4.通用记账凭证

5.基本生产成本明细账、辅助生产成本明细账、制造费用明细账

四、实训步骤

实训一　材料费用的归集与分配

第一步，取得并审核原始凭证。

由成本核算人员与相关人员沟通，取得领料单、限额领料单、退料单等原始凭证，经审核无误后据以编制发料凭证汇总表（见表10-4）。

表10-4　　　　　　　　　　　　发料凭证汇总表

2022年11月30日　　　　　　　　　　　　　　　　单位：元

领用部门		主要材料	辅助材料
炼铁车间	生产产品	146 633	
	管理部门		3 263
炼钢车间	生产产品	17 745	
	管理部门		2 723
轧钢车间	生产产品	6 244	
	管理部门		2 284
动力车间			4 965
运输车间			2 933
厂部			4 448
合　计		170 622	20 616

第二步，填制记账凭证。

根据发料凭证汇总表编制记账凭证（见表10-5）。

表10-5　　　　　　　　　　　　记　账　凭　证

2022 年 11 月 30 日　　　　　　　　　　　　　　记字第 81 号

摘要	科目		借方金额	贷方金额	√
	总账科目	明细科目	亿千百十万千百十元角分	亿千百十万千百十元角分	
领用材料	生产成本	基本生产成本-炼铁车间	1 4 6 6 3 3 0 0		附件50张
		基本生产成本-炼钢车间	1 7 7 4 5 0 0		
		基本生产成本-轧钢车间	6 2 4 4 0 0		
		辅助生产成本-动力车间	4 9 6 5 0 0		
		辅助生产成本-运输车间	2 9 3 3 0 0		
	制造费用	炼铁车间	3 2 6 3 0 0		
		炼钢车间	2 7 2 3 0 0		
		轧钢车间	2 2 8 4 0 0		
	管理费用		4 4 4 8 0 0		
	原材料			1 9 1 2 3 8 0 0	
合　计			￥1 9 1 2 3 8 0 0	￥1 9 1 2 3 8 0 0	

会计主管：孙　立　　记账：王　方　　出纳：　　　　　复核：孙　立　　制单：张　有

第三步，登记成本、费用明细账。

根据上述审核无误的记账凭证登记炼铁车间、炼钢车间、轧钢车间的基本生产成本明细账（见表10-25、表10-29、表10-38），动力车间和运输车间的辅助生产成本明细账（见表10-16、表10-17），炼铁车间、炼钢车间、轧钢车间的制造费用明细账（见表10-22、表10-23、表10-24）。

实训二　职工薪酬费用的归集与分配

第一步，取得并审核原始凭证。

宏达钢铁厂11月份工资结算汇总表见表10-6，经审核无误后作为职工薪酬费用核算的原始凭证。

表10-6

工资结算汇总表

2022年11月30日　　　　　　　　　　　　　　　　　　单位：元

车间及人员类别		工资金额
炼铁车间	生产工人	18 853
	管理人员	4 640
炼钢车间	生产工人	23 730
	管理人员	5 081
轧钢车间	生产工人	20 850
	管理人员	3 476
动力车间		3 851
运输车间		3 503
厂部		6 983
合计		90 967

第二步，编制记账凭证。

根据审核无误的工资结算汇总表编制记账凭证（见表10-7）。

第三步，登记成本、费用明细账。

根据上述审核无误的记账凭证登记炼铁车间、炼钢车间、轧钢车间的基本生产成本明细账（见表10-25、表10-29、表10-38），动力车间和运输车间的辅助生产成本明细账（见表10-16、表10-17），炼铁车间、炼钢车间、轧钢车间的制造费用明细账（见表10-22、表10-23、表10-24）。

实训三　折旧费用的归集和分配

第一步，取得并审核原始凭证。

宏达钢铁厂11月份固定资产折旧费用分配表见表10-8，经核对无误后作为折旧费用核算的原始凭证。

表10-7

记 账 凭 证

2022 年 11 月 30 日   记字第 82 号

摘 要	科 目		借方金额										贷方金额										√
	总账科目	明细科目	亿	千	百	十	万	千	百	十	元	角	分	亿	千	百	十	万	千	百	十	元	角	分	
分配职工薪酬	生产成本	基本生产成本-炼铁车间				1	8	8	5	3	0	0													
费用		基本生产成本-炼钢车间				2	3	7	3	0	0	0													
		基本生产成本-轧钢车间				2	0	8	5	0	0	0													
		辅助生产成本-动力车间					3	8	5	1	0	0													
		辅助生产成本-运输车间					3	5	0	3	0	0													
	制造费用	炼铁车间					4	6	4	0	0	0													
		炼钢车间					5	0	8	1	0	0													
		轧钢车间					3	4	7	6	0	0													
	管理费用						6	9	8	3	0	0													
		应付职工薪酬															9	0	9	6	7	0	0	
合 计					¥	9	0	9	6	7	0	0				¥	9	0	9	6	7	0	0	

附件40张

会计主管：孙 立   记账：王 方   出纳：   复核：孙 立   制单：张 有

表10-8

固定资产折旧费用分配表

2022年11月30日   单位：元

应借账户		月折旧额	
制造费用	炼铁车间	房屋	3 375
		机器设备	22 350
	炼钢车间	房屋	4 031
		机器设备	20 513
	轧钢车间	房屋	6 131
		机器设备	25 155
生产成本	运输车间	房屋	1 410
		机器设备	2 307
	动力车间	房屋	405
		机器设备	1 712
管理费用	厂部	房屋	564
		机器设备	5 262
合计		93 215	

第二步，编制记账凭证。

根据审核无误的折旧费用分配表编制记账凭证（见表10-9）。

表10-9

记账凭证

2022 年 11 月 30 日　　　　　　　　　　　　　　　记字第 83 号

摘要	科目		借方金额										贷方金额										√
	总账科目	明细科目	亿	千	百	十	万	千	百	十	元	角	分	亿	千	百	十	万	千	百	十	元	角	分	
计提折旧费用	制造费用	炼铁车间				2	5	7	2	5	0	0													
		炼钢车间				2	4	5	4	4	0	0													
		轧钢车间				3	1	2	8	6	0	0													
	生产成本	辅助生产成本-动力车间					2	1	1	7	0	0													
		辅助生产成本-运输车间					3	7	1	7	0	0													
	管理费用						5	8	2	6	0	0													
	累计折旧															9	3	2	1	5	0	0		
合计						¥	9	3	2	1	5	0	0			¥	9	3	2	1	5	0	0	

附件 2 张

会计主管：孙 立　　记账：王 方　　出纳：　　　复核：孙 立　　制单：张 有

第三步，登记成本、费用明细账。

根据上述审核无误的记账凭证登记动力车间和运输车间的辅助生产成本明细账（见表10-16和表10-17），炼铁车间、炼钢车间、轧钢车间的制造费用明细账（见表10-22至表10-24）。

实训四　其他费用的归集和分配

第一步，取得并审核原始凭证。

宏达钢铁厂11月份根据其他费用发生的原始凭证编制的其他费用分配表见表10-10。

表10-10

其他费用分配表

2022年11月30日　　　　　　　　　　　　　　　　　　单位：元

应借账户		差旅费	办公费	水费	其他	合计
制造费用	炼铁车间	2 400	360	2 618	338	5 716
	炼钢车间	1 200	420	3 375	293	5 288
	轧钢车间	2 025	473	1 838	278	4 614
生产成本	运输车间	2 100	255	990	176	3 521
	动力车间	825	398	1 545	165	2 933
管理费用	厂部	2 250	735	990	750	4 725
合计		10 800	2 641	11 356	2 000	26 797

第二步，编制记账凭证。

根据其他费用分配表编制记账凭证（见表10-11）。

表10-11 记 账 凭 证

2022 年 11 月 30 日 记字第 _84_ 号

摘 要	科　　目		借方金额											贷方金额											√
	总账科目	明细科目	亿	千	百	十	万	千	百	十	元	角	分	亿	千	百	十	万	千	百	十	元	角	分	
分配其他费用	制造费用	炼铁车间					5	7	1	6	0	0													
		炼钢车间					5	2	8	8	0	0													
		轧钢车间					4	6	1	4	0	0													
	生产成本	辅助生产成本-动力车间					2	9	3	3	0	0													
		辅助生产成本-运输车间					3	5	2	1	0	0													
	管理费用						4	7	2	5	0	0													
	银行存款																2	6	7	9	7	0	0		
合　计			¥	2	6	7	9	7	0	0				¥	2	6	7	9	7	0	0				

附件10张

会计主管：孙 立 记账：王 方 出纳： 复核：孙 立 制单：张 有

第三步，登记成本费用明细账。

根据上述审核无误的记账凭证登记动力车间和运输车间的辅助生产成本明细账（见表10-16和表10-17），炼铁车间、炼钢车间、轧钢车间的制造费用明细账（见表10-22至表10-24）。

任务二　辅助生产费用的归集与分配

一、实训目标

1.掌握辅助生产费用的归集方法

2.掌握辅助生产费用的分配方法

二、实训内容与要求

1.能根据辅助生产成本明细账记录正确归集本期辅助生产费用发生额

2.能正确、熟练地利用Excel工具填制辅助生产费用分配表

3.能按照企业会计准则和《企业产品成本核算制度（试行）》的规定，根据辅助生产费用分配表正确、熟练地编制记账凭证

4.能按照账簿登记规范，根据所编制的记账凭证正确、熟练地登记辅助生产成本及制造费用明细账

三、实训材料

1.辅助生产车间劳务供应的汇总计算表单

2.辅助生产费用分配表

3.通用记账凭证

4.辅助生产成本明细账、制造费用明细账

四、实训步骤

实训一　归集辅助生产费用

月末，根据辅助生产成本明细账记录，归集本月辅助生产费用的发生额，见辅助生产成本明细账（见表10-16、表10-17）中的"本月合计"。

实训二　分配辅助生产费用

第一步，取得辅助生产车间产品或劳务供应量资料。

根据辅助生产车间对外提供产品或劳务的原始凭证，按受益单位及受益数量进行统计、汇总后编制产品或劳务供应汇总表（见表10-12和表10-13）。

表10-12　　　　　　　　　　　产品或劳务供应汇总表

车间名称：运输车间　　　　　　　　2022年11月30日

收益单位	炼铁车间	炼钢车间	轧钢车间	动力车间	厂部管理部门	合计
受益数量（千米）	31	350	400	88.40	130.60	1 000

表10-13　　　　　　　　　　　产品或劳务供应汇总表

车间名称：动力车间　　　　　　　　2022年11月30日

收益单位	炼铁车间	炼钢车间	轧钢车间	运输车间	厂部管理部门	合计
受益数量（度）	7 110	8 610	6 620	890	770	24 000

第二步，编制辅助生产费用分配表。

根据辅助生产成本明细账结计的本月费用发生额，按照运输、动力车间劳务供应情况采用直接分配法编制辅助生产费用分配表（除不尽的分配率保留4位小数，金额保留2位小数）。

在Excel工作表中设计"辅助生产费用分配表"计算模板，根据辅助生产成本明细账归集的本期费用发生额及劳务供应汇总表录入有关数据，根据直接分配法计算原理定义费用分配率、分配金额等的计算公式。公式定义完毕后，自动显示结果（见表10-14）。

表10-14 　　　　　　　辅助生产费用分配表（直接分配法）

2022年11月30日　　　　　　　　　　　　金额单位：元

项　目		运输车间	动力车间	合　计
待分配费用总额（元）		13 674	13 866	27 540
向辅助生产车间以外单位提供劳务总量		911.60千米	23 110度	
单位成本（分配率）		15元/千米	0.6元/度	
炼铁车间	耗用劳务量	31	7 110	
	分配金额	465	4 266	4 731
炼钢车间	耗用劳务量	350	8 610	
	分配金额	5 250	5 166	10 416
轧钢车间	耗用劳务量	400	6 620	
	分配金额	6 000	3 972	9 972
厂部	耗用劳务量	130.60	770	
	分配金额	1 959	462	2 421
分配金额合计		13 674	13 866	27 540

计算公式说明：

C6=C4/C5　C8=C6*C7　C10=C6*C9　C12=C6*C11　C14=C6*C13　C15=C8+C10+C12+C14

D6=D4/D5　D8=D6*D7　D10=D6*D9　D12=D6*D11　D14=D6*D13　D15=D8+D10+D12+D14

E4=C4+D4　E8=C8+D8　E10=C10+D10　E12=C12+D12　E14=C14+D14

E15=E8+E10+E12+E14　或=C15+D15

第三步，编制记账凭证。

根据审核无误的辅助生产费用分配表编制记账凭证（见表10-15）。

表10-15 　　　　　　　　　　　记 账 凭 证

2022 年 11 月 30 日　　　　　　　　　　记字第 85 号

摘　要	科　目		借方金额										贷方金额										√
	总账科目	明细科目	亿	千	百	十	万	千	百	十	元	角	分	亿	千	百	十	万	千	百	十	元	角	分	
分配辅助生产费用	制造费用	炼铁车间					4	7	3	1	0	0												
		炼钢车间				1	0	4	1	6	0	0												
		轧钢车间					9	9	7	2	0	0												
	管理费用						2	4	2	1	0	0												
	生产成本	辅助生产成本-运输车间															1	3	6	7	4	0	0	
		辅助生产成本-动力车间															1	3	8	6	6	0	0	
合　计					¥	2	7	5	4	0	0	0			¥	2	7	5	4	0	0	0	

附件1张

会计主管：孙　立　　记账：王　方　　出纳：　　　　复核：孙　立　　制单：张　有

第四步，登记成本、费用明细账。

根据上述审核无误的记账凭证登记动力车间和运输车间的辅助生产成本明细账（见表 10-16 和表 10-17）及炼铁车间、炼钢车间、轧钢车间的制造费用明细账（见表 10-22 至表 10-24）。

表10-16　　　　　　　　　　　　　　　　辅助生产成本明细账

车间名称：动力车间

2022年		凭证号数	摘要	借方发生额	费用项目			
月	日				材料费	职工薪酬	折旧费	其他费用
11	30	记81#	领用材料	4 965	4 965			
	30	记82#	分配职工薪酬费用	3 851		3 851		
	30	记83#	计提固定资产折旧	2 117			2 117	
	30	记84#	分配其他费用	2 933				2 933
	30		本月合计	13 866	4 965	3 851	2 117	2 933
	30	记85#	分配辅助生产费用	13 866	4 965	3 851	2 117	2 933

表10-17　　　　　　　　　　　　　　　　辅助生产成本明细账

车间名称：运输车间

2022年		凭证号数	摘要	借方发生额	费用项目			
月	日				材料费	职工薪酬	折旧费	其他费用
11	30	记81#	领用材料	2 933	2 933			
	30	记82#	分配职工薪酬费用	3 503		3 503		
	30	记83#	计提固定资产折旧	3 717			3 717	
	30	记84#	分配其他费用	3 521				3 521
	30		本月合计	13 674	2 933	3 503	3 717	3 521
	30	记85#	分配辅助生产费用	13 674	2 933	3 503	3 717	3 521

任务三　制造费用的归集与分配

一、实训目标

1.掌握制造费用的归集方法
2.掌握制造费用的分配方法

二、实训内容与要求

1.能根据制造费用明细账记录正确归集本期制造费用发生额
2.能正确、熟练地填制制造费用分配表
3.能按照企业会计准则和《企业产品成本核算制度（试行）》的规定，根据制造费用分配表正确、熟练地编制记账凭证
4.能根据所编制的记账凭证规范、熟练地登记基本生产成本、制造费用明细账

三、实训材料

1.制造费用分配表
2.通用记账凭证
3.基本生产成本明细账、制造费用明细账

四、实训步骤

实训一　归集制造费用

月末，根据各车间制造费用明细账，归集本月各车间的制造费用发生额，见表10-22、表10-23、表10-24中的"本月合计"。

实训二　分配制造费用

第一步，编制制造费用分配表。

根据各车间制造费用明细账归集的本月制造费用合计分配制造费用，编制制造费用分配表（见表10-18至表10-20）。由于基本生产车间只生产一种产品，因此按车间归集的制造费用可以直接计入各车间的产品成本中。

表10-18　　　　　　　　　　　　　制造费用分配表

车间名称：炼铁车间　　　　　　　2022年11月30日　　　　　　　　　单位：元

借方科目		生产工时	分配率	金额
基本生产成本	炼铁车间		100%	44 075
合计				44 075

审核：章　平　　　　　　　　　　制单：王　冰

表10-19　　　　　　　　　　制造费用分配表

车间名称：炼钢车间　　　　　　　2022年11月30日　　　　　　　　单位：元

借方科目		生产工时	分配率	金额
基本生产成本	炼钢车间		100%	48 052
合计				48 052

审核：章　平　　　　　　　　　　　　　制单：王　冰

表10-20　　　　　　　　　　制造费用分配表

车间名称：轧钢车间　　　　　　　2022年11月30日　　　　　　　　单位：元

借方科目		生产工时	分配率	金额
基本生产成本	轧钢车间		100%	51 632
合计				51 632

审核：章　平　　　　　　　　　　　　　制单：王　冰

第二步，编制记账凭证。

根据审核无误的制造费用分配表编制记账凭证（见表10-21）。

表10-21　　　　　　　　　　　记　账　凭　证

2022 年 11 月 30 日　　　　　　　　　　　记字第 86 号

摘要	科目		借方金额										贷方金额										√
	总账科目	明细科目	亿	千	百	十	万	千	百	十	元	角	分	亿	千	百	十	万	千	百	十	元	角	分
分配制造费用	生产成本	基本生产成本-炼铁车间				4	4	0	7	5	0	0												
		基本生产成本-炼钢车间				4	8	0	5	2	0	0												
		基本生产成本-轧钢车间				5	1	6	3	2	0	0												
	制造费用	炼铁车间															4	4	0	7	5	0	0	
		炼钢车间															4	8	0	5	2	0	0	
		轧钢车间															5	1	6	3	2	0	0	
合计				¥	1	4	3	7	5	9	0	0		¥	1	4	3	7	5	9	0	0	

附件1张

会计主管：孙　立　　记账：王　方　　出纳：　　　复核：孙　立　　制单：张　有

第三步，登记有关成本、费用明细账。

根据上述审核无误的记账凭证登记炼铁车间、炼钢车间、轧钢车间的基本生产成本明细账（见表10-25、表10-29和表10-38），炼铁车间、炼钢车间、轧钢车间的制造费用明细账（见表10-22、表10-23和表10-24）。

表10-22　　　　　　　　　　　　制造费用明细账

车间名称：炼铁车间

2022年		凭证号数	摘要	借方发生额	费用项目			
月	日				材料费	职工薪酬	折旧费	其他费用
11	30	记81#	领用材料	3 263	3 263			
	30	记82#	分配职工薪酬费用	4 640		4 640		
	30	记83#	计提固定资产折旧	25 725			25 725	
	30	记84#	分配其他费用	5 716				5 716
	30	记85#	分配辅助生产费用	4 731				4 731
	30		本月合计	44 075	3 263	4 640	25 725	10 447
	30	记86#	分配制造费用	44 075	3 263	4 640	25 725	10 447

表10-23　　　　　　　　　　　　制造费用明细账

车间名称：炼钢车间

2022年		凭证号数	摘要	借方发生额	费用项目			
月	日				材料费	职工薪酬	折旧费	其他费用
11	30	记81#	领用材料	2 723	2 723			
	30	记82#	分配职工薪酬费用	5 081		5 081		
	30	记83#	计提固定资产折旧	24 544			24 544	
	30	记84#	分配其他费用	5 288				5 288
	30	记85#	分配辅助生产费用	10 416				10 416
	30		本月合计	48 052	2 723	5 081	24 544	15 704
	30	记86#	分配制造费用	48 052	2 723	5 081	24 544	15 704

表10-24　　　　　　　　　　　　制造费用明细账

车间名称：轧钢车间

2022年		凭证号数	摘要	借方发生额	费用项目			
月	日				材料费	职工薪酬	折旧费	其他费用
11	30	记81#	领用材料	2 284	2 284			
	30	记82#	分配职工薪酬费用	3 476		3 476		
	30	记83#	计提固定资产折旧	31 286			31 286	
	30	记84#	分配其他费用	4 614				4 614
	30	记85#	分配辅助生产费用	9 972				9 972
	30		本月合计	51 632	2 284	3 476	31 286	14 586
	30	记86#	分配制造费用	51 632	2 284	3 476	31 286	14 586

任务四　计算和结转完工产品成本

一、实训目标

1.掌握逐步综合结转分步法的核算程序
2.能运用逐步综合结转分步法计算完工产品与在产品成本

二、实训内容与要求

1.能正确、熟练地利用Excel工具计算完工产品与月末在产品的成本、填制产品成本计算单
2.能正确填制完工产品成本汇总表
3.能按照企业会计准则和《企业产品成本核算制度（试行）》的规定，根据产品成本计算单、完工产品成本汇总表、产品入库单等原始凭证正确、熟练地编制记账凭证
4.能按照账簿登记规范，根据记账凭证正确、熟练地登记基本生产成本明细账

三、实训材料

1.产品成本计算单
2.完工产品成本汇总表
3.入库单
4.通用记账凭证
5.基本生产成本明细账

四、实训步骤

按照螺纹钢生产工艺流程（如图10-2所示）先后顺序计算和结转各步骤完工产品成本。

实训一　计算炼铁车间完工产品成本和在产品成本

第一步，填制炼铁车间的产品成本计算单。

根据炼铁车间基本生产成本明细账（见表10-25）录入产品成本计算单"月初在产品成本""本月生产费用"数据。由于炼铁车间的在产品成本在当月的生产费用中所占的比重较小，因此可以不计算在产品成本，本月发生的全部生产费用合计即为本步骤的完工产品成本，直接转入下一步骤炼钢车间。炼铁车间的产品成本计算单见表10-26。

表10-25　　　　　　　　　　　基本生产成本明细账

车间名称：炼铁车间　　　　　　　　半成品名称：铁水

2022年		凭证号数	摘　要	直接材料	直接人工	制造费用	合计
月	日						
11	30	记81#	领用材料	146 633			146 633
	30	记82#	分配职工薪酬费用		18 853		18 853
	30	记86#	分配制造费用			44 075	44 075
	30		本月合计	146 633	18 853	44 075	209 561

表10-26　　　　　　　　　　　产品成本计算单

车间名称：炼铁车间　　　　　　　2022年11月30日　　　　　　　　单位：元

项　目	直接材料	直接人工	制造费用	合计
月初在产品成本	0	0	0	0
本月生产费用	146 633	18 853	44 075	209 561
生产费用合计	146 633	18 853	44 075	209 561
完工产品成本	146 633	18 853	44 075	209 561
月末在产品成本	0	0	0	0

第二步，编制结转完工产品成本的记账凭证。

根据产品成本计算单编制结转完工铁水成本的记账凭证，见表10-27。

表10-27　　　　　　　　　　　记　账　凭　证

2022年11月30日　　　　　　　　　　记字第 87 号

摘　要	科目		借方金额	贷方金额	√
	总账科目	明细科目	亿千百十万千百十元角分	亿千百十万千百十元角分	
铁水完工转入炼钢车间	生产成本	基本生产成本-炼钢车间	2 0 9 5 6 1 0 0		附件1张
	生产成本	基本生产成本-炼铁车间		2 0 9 5 6 1 0 0	
合　计			￥2 0 9 5 6 1 0 0	￥2 0 9 5 6 1 0 0	

会计主管：孙立　　记账：王方　　出纳：　　　　　复核：孙立　　制单：张有

第三步，登记基本生产成本明细账。

根据上述审核无误的记账凭证登记炼铁车间、炼钢车间的基本生产成本明细账（见表10-28和表10-29）。

表10-28　　　　　　　　　　　基本生产成本明细账

车间名称：炼铁车间　　　　　　　　　半成品名称：铁水

2022年		凭证号数	摘　要	直接材料	直接人工	制造费用	合计
月	日						
11	30	记81#	领用材料	146 633			146 633
	30	记82#	分配职工薪酬费用		18 853		18 853
	30	记86#	分配制造费用			44 075	44 075
	30		本月合计	146 633	18 853	44 075	209 561
	30	记87#	结转完工半成品成本	146 633	18 853	44 075	209 561

表10-29　　　　　　　　　　　基本生产成本明细账

车间名称：炼钢车间　　　　　　　　　半成品名称：钢锭

2022年		凭证号数	摘　要	自制半成品	直接材料	直接人工	制造费用	合计
月	日							
11	1		期初余额	21 525	1 785	2 445	3 960	29 715
	30	记81#	领用材料		17 745			17 745
	30	记82#	分配职工薪酬费用			23 730		23 730
	30	记86#	分配制造费用				48 052	48 052
	30	记87#	转入的半成品成本	209 561				209 561
	30		本月合计	231 086	19 530	26 175	52 012	328 803

实训二　计算炼钢车间完工产品成本和在产品成本

第一步，填制炼钢车间的产品成本计算单。

在Excel工作表中设计"产品成本计算单"计算模板，根据炼钢车间基本生产成本明细账（见表10-29）录入产品成本计算单"月初在产品成本""本月生产费用"数据；根据"单位产品消耗定额"及"产量记录"录入月末在产品成本。定义计算公式。公式定义完毕后，自动显示结果（见表10-30）。

表10-30　　　　　　　　　　　　产品成本计算单

车间名称：炼钢车间　　　　　　　2022年11月30日　　　　　　　　单位：元

项　目	自制半成品	直接材料	直接人工	制造费用	合计
月初在产品成本	21 525	1 785	2 445	3 960	29 715
本月生产费用	209 561	17 745	23 730	48 052	299 088
生产费用合计	231 086	19 530	26 175	52 012	328 803
完工产品成本	220 445	18 891	25 182	50 482	315 000
月末在产品成本	10 641	639	993	1 530	13 803

主要单元格计算公式说明：

B6=SUM（B4：B5）

C6-F6：单击B6单元格，并横向拖动该单元格右下角出现的"+"至F6，自动复制

B7=B6-B8

C7-F7：单击B7单元格，并横向拖动该单元格右下角出现的"+"至F7，自动复制

第二步，编制结转完工产品成本的记账凭证。

将150件完工的钢锭成本合计数转入自制半成品库。根据产品成本计算单、入库单（见表10-31）编制记账凭证（见表10-32）。

表10-31　　　　　　　　　　　　入库单

仓库：钢锭仓库　　　　　　　2022 年 11月30日　　　　　　　　第10号

种类	产品名称	规格	单位	数量	单位成本	千	百	十	万	千	百	十	元	角	分
	钢锭		件	150	2 100		3	1	5	0	0	0	0	0	0
备　注				合　计		¥	3	1	5	0	0	0	0	0	0

验收：李大立　　　　　　　　　　　填单：王　明

表10-32　　　　　　　　　　　记 账 凭 证

2022 年 11月30日　　　　　　　　　　记字第 88 号

摘　要	科　目		借方金额										贷方金额										√
	总账科目	明细科目	亿	千	百	十	万	千	百	十	元	角	分	亿	千	百	十	万	千	百	十	元	角	分	
完工转入半成品仓库	自制半成品	钢锭				3	1	5	0	0	0	0	0											
	生产成本	基本生产成本-炼钢车间															3	1	5	0	0	0	0	0	
合　计					¥	3	1	5	0	0	0	0	0		¥	3	1	5	0	0	0	0	0	

会计主管：孙　立　　记账：王　方　　出纳：　　　　　复核：孙　立　　制单：张　有

第三步，登记成本费用明细账。

根据上述审核无误的记账凭证，登记炼钢车间基本生产成本明细账（见表10-33）和自制半成品成本钢锭明细账（见表10-34）。

表10-33　　　　　　　　　　　　基本生产成本明细账

车间名称：炼钢车间　　　　　　　　　半成品名称：钢锭

| 2022年 | | 凭证号数 | 摘　要 | 自制半成品 | 直接材料 | 直接人工 | 制造费用 | 合计 |
月	日							
11	1		期初余额	21 525	1 785	2 445	3 960	29 715
	30	记81#	领用材料		17 745			17 745
	30	记82#	分配人工费用			23 730		23 730
	30	记86#	分配制造费用				48 052	48 052
	30	记87#	转入的半成品	209 561				209 561
	30		本月合计	231 086	19 530	26 175	52 012	328 803
	30	记88#	结转完工半成品成本	220 445	18 891	25 182	50 482	315 000
	30		月末在产品成本	10 641	639	993	1 530	13 803

表10-34　　　　　　　　　　　自制半成品成本明细账

自制半成品名称：钢锭

| 2022年 | | 凭证号数 | 摘要 | 收入 | | | 发出 | | | 结存 | | |
月	日			数量	单价	金额	数量	单价	金额	数量	单价	金额
11	1		期初余额							100	2 000	200 000
	30	记88#	入库	150	2 100	315 000				250		

实训三　计算轧钢车间完工产品成本和在产品成本

第一步，领用半成品进行生产。

轧钢车间领用半成品钢锭进行生产，采用全月一次加权平均法计算半成品钢锭的单位成本，并据此计算领用钢锭140件的实际成本，填制领料单见表10-35；根据领料单编制的记账凭证见表10-36。

加权平均单位成本 =（200 000+315 000）÷（100+150）= 2 060（元/件）

发出半成品钢锭的成本 = 2 060 × 140 = 288 400（元）

表10-35 　　　　　　　　　　　　　　领 料 单

领料单位：轧钢车间　　　　　　　　　　2022年11月30日　　　　　　　　　发料仓库：钢锭仓库

编号	材料名称	规格	计量单位	数量		单价	金额
				请领	实发		
	钢锭		件	140	140	2 060	288 400
用途	螺纹钢的生产			备注			

部门主管：李　敏　　　　批料：章　雨　　　　领料人：肖雄飞　　　　制单：李　立

表10-36 　　　　　　　　　　　　　记 账 凭 证

2022 年 11 月 30 日　　　　　　　　　　　　　　　记字第　89　号

摘　要	科　目		借方金额										贷方金额										√
	总账科目	明细科目	亿	千	百	十	万	千	百	十	元	角	分	亿	千	百	十	万	千	百	十	元	角	分	
领用半成品	生产成本	基本生产成本-轧钢车间			2	8	8	4	0	0	0	0												
	自制半成品	钢锭														2	8	8	4	0	0	0	0	
合　计				¥	2	8	8	4	0	0	0	0		¥	2	8	8	4	0	0	0	0	

附件 *1* 张

会计主管：孙　立　　记账：王　方　　出纳：　　　　　复核：孙　立　　制单：张　有

第二步，登记明细账。

根据审核无误的记账凭证登记自制半成品成本钢锭明细账（见表10-37）和轧钢车间螺纹钢基本生产成本明细账（见表10-38）。

表10-37 　　　　　　　　　　　自制半成品成本明细账

自制半成品名称：钢锭

2022年		凭证号数	摘　要	收入			发出			结存		
月	日			数量	单价	金额	数量	单价	金额	数量	单价	金额
11	1		期初余额							100	2 000	200 000
	30	记88#	入库	150	2 100	315 000				250		
	30	记89#	领用				140	2 060	288 400	110		
	30		本月合计	150	2 100	315 000	140	2 060	288 400	110	2 060	226 600

表10-38 基本生产成本明细账

车间名称：轧钢车间　　　　　　　　产成品名称：螺纹钢

| 2022年 | | 凭证号数 | 摘　要 | 自制半成品 | 直接材料 | 直接人工 | 制造费用 | 合计 |
月	日							
11	1		期初余额	38 375	2 388	3 369	5 178	49 310
	30	记81#	领用材料		6 244			6 244
	30	记82#	分配职工薪酬费用			20 850		20 850
	30	记86#	分配制造费用				51 632	51 632
	30	记89#	领用半成品	288 400				288 400
	30		本月合计	326 775	8 632	24 219	56 810	416 436

第三步，填制轧钢车间的成本计算单。

在Excel工作表中设计"产品成本计算单"计算模板，根据轧钢车间基本生产成本明细账（见表10-38）录入产品成本计算单"月初在产品成本""本月生产费用"数据；根据"单位产品消耗定额"及"产量记录"录入月末在产品成本。定义计算公式。公式定义完毕后，自动显示结果（见表10-39）。

表10-39 产品成本计算单

车间名称：轧钢车间　　　　　　2022年11月30日　　　　　　　　单位：元

项　目	自制半成品	直接材料	直接人工	制造费用	合计
月初在产品成本	38 375	2 388	3 369	5 178	49 310
本月生产费用	288 400	6 244	20 850	51 632	367 126
生产费用合计	326 775	8 632	24 219	56 810	416 436
完工产品成本	310 275	8 442	23 659	56 440	398 816
月末在产品成本	16 500	190	560	370	17 620

主要单元格计算公式说明：

B6=SUM（B4：B5）

C6-F6：单击B6单元格，并横向拖动该单元格右下角出现的"+"至F6，自动复制

B7=B6-B8

C7-F7：单击B7单元格，并横向拖动该单元格右下角出现的"+"至F7，自动复制

第四步，填写轧钢车间完工产品成本汇总表。

根据轧钢车间产品成本计算单"完工产品成本"填写完工螺纹钢产品成本汇总表（见表10-40）。

表10-40　　　　　　　　　　　　完工产品成本汇总表
2022年11月30日

单位：元

产品名称	产量（件）	自制半成品	直接材料	直接人工	制造费用	合计
螺纹钢	150	310 275	8 442	23 659	56 440	398 816
合　计		310 275	8 442	23 659	56 440	398 816

　　第五步，填制螺纹钢入库单，编制记账凭证。

　　根据完工产品成本汇总表（见表10-40），填制螺纹钢入库单（见表10-41），并编制结转完工入库的螺纹钢成本的记账凭证（见表10-42）。

表10-41　　　　　　　　　　　　　　入库单

仓库：螺纹钢仓库　　　　　　　2022年11月30日　　　　　　　第11号

种类	产品名称	规格	单位	数量	单位成本	千	百	十	万	千	百	十	元	角	分
	螺纹钢		件	150	2 658.77			3	9	8	8	1	6	0	0
备　注				合　计		￥	3	9	8	8	1	6	0	0	

第三联　财务记账

验收：李大立　　　　　　　　　　　填单：王明

表10-42　　　　　　　　　　　　记　账　凭　证
2022年11月30日

记字第 90 号

摘　要	科　目		借方金额										贷方金额										√
	总账科目	明细科目	亿	千	百	十	万	千	百	十	元	角	分	亿	千	百	十	万	千	百	十	元	角	分
完工产品结转入库	库存商品	螺纹钢			3	9	8	8	1	6	0	0											
	生产成本	基本生产成本-轧钢车间													3	9	8	8	1	6	0	0
合　计			￥	3	9	8	8	1	6	0	0		￥	3	9	8	8	1	6	0	0

附件1张

会计主管：孙　立　　记账：王　方　　出纳：　　　　　复核：孙　立　　制单：张　有

　　第六步，登记基本生产成本明细账。

　　根据上述审核无误的记账凭证登记轧钢车间基本生产成本明细账，见表10-43。

表10-43　　　　　　　　　　　　基本生产成本明细账

车间名称：轧钢车间　　　　　　　　　　产成品名称：螺纹钢

2022年		凭证号数	摘要	自制半成品	直接材料	直接人工	制造费用	合计
月	日							
11	1		期初余额	38 375	2 388	3 369	5 178	49 310
	30	记81#	领用材料		6 244			6 244
	30	记82#	分配职工薪酬费用			20 850		20 850
	30	记86#	分配制造费用				51 632	51 632
	30	记89#	领用半成品	288 400				288 400
	30		本月合计	326 775	8 632	24 219	56 810	416 436
	30	记90#	结转完工产品成本	310 275	8 442	23 659	56 440	398 816
	30		月末在产品成本	16 500	190	560	370	17 620

任务五　成本还原

一、实训目标

1.掌握逐步综合结转分步法的成本还原原理

2.掌握逐步综合结转分步法的成本还原计算方法

二、实训内容与要求

1.能准确计算成本还原数据

2.能正确填制成本还原计算表

三、实训材料

1.成本还原计算表

2.基本生产成本明细账

四、实训步骤

第一步，第一次成本还原。

将轧钢车间完工产品螺纹钢中所耗用炼钢车间的钢锭成本进行还原。

（1）填写还原前产成品成本。

将轧钢车间基本生产成本明细账中的完工产品成本按照成本项目抄到成本还原计算表（见表10-44）的第①行。

表10-44

产成品成本还原计算表

金额单位：元

项　　目		成本还原率	炼钢车间钢锭成本	炼铁车间铁水成本	直接材料	直接人工	制造费用	合计
还原前产成品成本	①		310 275		8 442	23 659	56 440	398 816
炼钢车间完工钢锭成本	②			220 445	18 891	25 182	50 482	315 000
产成品所耗炼钢车间钢锭成本还原	③	0.985	−310 275	217 138.325	18 607.635	24 804.27	49 724.77	0
炼铁车间生产的铁水成本	④				146 633	18 853	44 075	209 561
产成品所耗铁水成本还原	⑤	1.036		−217 138.325	151 911.788	19 531.708	45 694.829	0
原始成本项目合计	⑥=①+③+⑤				178 961.423	67 994.978	151 859.599	398 816
还原后的产品单位成本	⑦=⑥÷产量				1 193.08	453.30	1 012.39	2 658.77

（2）填写炼钢车间完工钢锭成本。

将炼钢车间基本生产成本明细账中的完工产品成本按照成本项目抄到成本还原计算表（见表10-44）的第②行。

（3）产成品所耗炼钢车间钢锭成本还原。

A.钢锭成本还原率=310 275÷315 000=0.985

B.用钢锭成本还原率分别乘以本月完工的钢锭的各成本项目金额。

还原为炼铁车间铁水成本=220 445×0.985= 217 138.325（元）

还原为直接材料= 18 891×0.985= 18 607.635（元）

还原为直接人工= 25 182×0.985= 24 804.27（元）

还原为制造费用= 50 482×0.985= 49 724.77（元）

C.将上述计算结果按照成本项目填入成本还原计算表（见表10-44）的第③行。

第二步，第二次成本还原。

将第一次还原后产成品螺纹钢中所耗用炼铁车间的铁水进行成本还原。

（1）填写炼铁车间生产的铁水成本。

将炼铁车间基本生产成本明细账中的完工产品成本按照成本项目抄到成本还原计算表（见表10-44）的第④行。

（2）产成品所耗铁水成本还原。

A.铁水成本还原率=217 138.325÷209 561≈1.036

B.用铁水成本还原率分别乘以铁水的各成本项目金额。

还原为直接材料 = 146 633×1.036 = 151 911.788（元）

还原为直接人工 = 18 853×1.036 = 19 531.708（元）

还原为制造费用 = 217 138.325 − 151 911.788 − 19 531.708 = 45 694.829（元）

C.将上述计算结果按照成本项目填入成本还原计算表（见表10-44）的第⑤行。

第三步，填写原始成本项目合计与还原后的产品单位成本。

汇总计算还原后螺纹钢的总成本，填写成本还原计算表（见表10-44）的第⑥和第⑦行，完成成本还原计算表的编制。

项目十一

产品成本核算的平行结转分步法

思政引导

党的十九届五中全会提出，坚持创新在我国现代化建设全局中的核心地位。实践中的"无人工厂"展示了我国科技创新的力量，对产品成本核算与管理提出了新的要求。制造业是推动经济长期稳定增长的关键引擎。习近平总书记多次对做大做强制造业做出重要论述。近几年，我国制造业提质增效稳步发展，相应地，制造业企业成本核算与管理也发生了较大变化。中国制造业只有识别当前的薄弱环节，抓住新一轮科技革命和产业改革机遇，推进中国制造业建设，形成政府和企业集体研究，协调研究，克服高端技术困难，才能真正提高中国制造业的整体实力，更好地辐射全球产业链和供应链。以强大的国内市场优势支持双循环发展，促进制造业转型升级。

力德实业公司是一家生产销售电子产品的制造业企业。2021年11月，公司因老产品销售不畅，新产品研发受阻，公司财务部预计本年度将发生170万元亏损。刚上任的公司总经理责成公司财务部长想方设法完成当年盈利目标，并说："实在不行，就在成本计算方面做一些技术处理。"财务部长感到左右为难，他很清楚公司年度亏损已成定局，如果不按总经理的意见办，自己以后在公司不好待下去；如果按总经理的意见办，自己要承担很大的风险。为此，财务部长思想负担很重，不知该如何是好。

资料来源：小雨012345.违反会计法案例［EB/OL］．［2023-04-21］．https://vvkw.com/kuaiji/?tags=379829.

问题：根据《中华人民共和国会计法》和会计职业道德的要求，财务部长应如何处理这个问题？

启示：财务部长应拒绝总经理的要求，因为总经理违反了《中华人民共和国会计法》规定的"单位负责人对本单位的会计工作和会计资料的真实性、完整性负责"以及"任何单位或者个人不得以任何方式授意、指使、强令会计机构、会计人员伪造、变造会计凭证、会计账簿和其他会计资料，提供虚假财务会计报告"。如果财务部长按总经理的意见办，就违背了会计职业道德中的会计人员应当诚实守信、客观公正、坚持准则的要求。成本核算的正确与否，直接影响企业的成本预测、计划、分析、考核和改进等控制工作，同时也对企业的成本决策和经营决策的正确与否产生重大影响。

一、实训目标

1. 理解平行结转分步法的特点和适用范围
2. 理解并掌握平行结转分步法的核算程序
3. 能够运用平行结转分步法正确核算企业产品成本

二、实训内容与要求

1. 能正确、熟练地进行要素费用归集与分配的核算
2. 能正确、熟练地进行辅助生产费用归集与分配的核算

3.能正确、熟练地进行制造费用归集与分配的核算

4.能正确、熟练地计算出完工产品成本及月末在产品成本

三、实训操作流程

平行结转分步法的操作流程如图11-1所示。

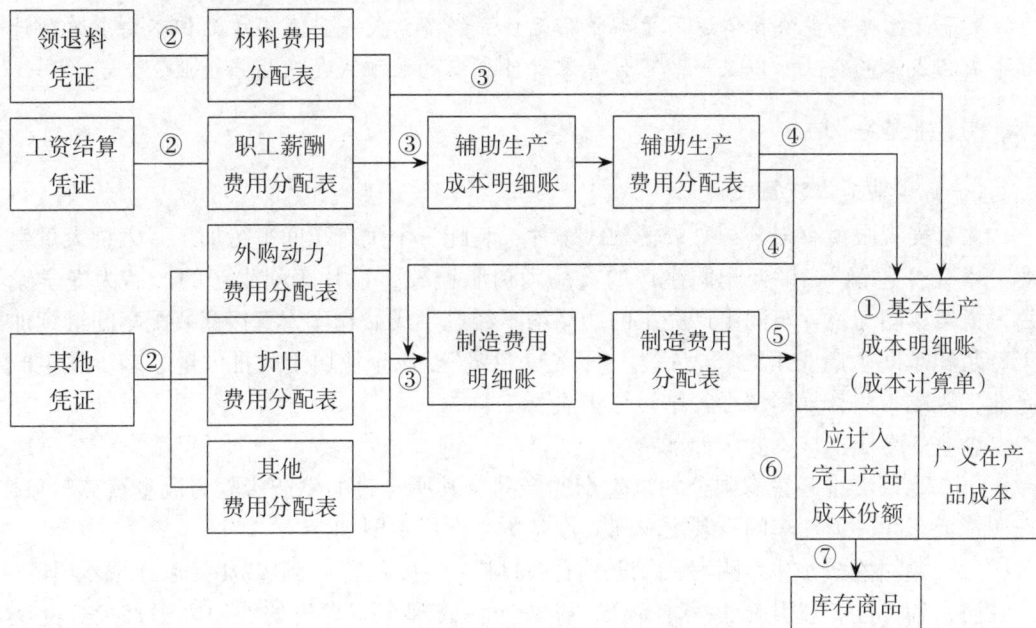

图11-1　平行结转分步法的操作流程

1.按所生产的产品品种及其所经过的生产步骤开设基本生产成本明细账和成本计算单，并按成本项目设置专栏；

2.整理各种生产费用原始凭证，并据以编制各要素费用分配表；

3.根据各要素费用分配表编制记账凭证，登记各步骤基本生产成本明细账、辅助生产成本明细账、制造费用明细账等成本费用明细账；

4.将"辅助生产成本明细账"中归集的费用，按各种产品或部门的受益数量进行分配，编制"辅助生产费用分配表"，并编制记账凭证，登记"辅助生产成本明细账""制造费用明细账"等；

5.将"制造费用明细账"中归集的费用，按受益对象编制"制造费用分配表"，分配制造费用，并编制记账凭证，登记"基本生产成本明细账""制造费用明细账"等；

6.将"基本生产成本明细账"中归集的费用，采用适当的方法在完工产品和广义在产品之间进行分配，计算应计入产成品成本的份额和广义在产品成本；

7.将各步骤应计入产成品成本的份额平行汇总，编制"完工产品成本汇总计算表"，结转完工入库产品成本。

【注意事项】

1.平行结转分步法各生产步骤只归集计算本步骤直接发生的生产费用，不计算结转

本步骤所耗用上一步骤的半成品成本；各生产步骤分别与完工产品直接联系，本步骤只提供在产品成本和计入最终产品成本的份额，平行独立、互不影响地进行成本计算，平行地把份额计入完工产品成本。

2.平行结转分步法成本计算对象是最终完工产品；半成品实物流转与半成品成本的结转相分离。

3.平行结转分步法具体适用于半成品无独立经济意义或虽有半成品但不要求单独计算半成品成本的企业，以及一般不计算零配件成本的装配式复杂生产企业。

四、业务案例

（一）企业成本核算概况

北京美视眼镜有限公司，分镜架、镜片、装配三个生产车间平行加工，大批大量生产"平光变色镜"。镜架车间生产的产品为树脂镜架，镜片车间生产的产品为光学镜片，镜架车间与镜片车间生产完工的产品均不经过半成品仓库，直接交装配车间继续加工，装配车间生产完工的产成品为"平光变色镜"。该企业属于大批大量、多步骤生产企业，故成本核算采用"平行结转分步法"。

企业产品成本核算要求如下：

（1）北京美视眼镜有限公司以生产的产品及其所经过的生产步骤为成本核算对象，按照镜架车间、镜片车间、装配车间开设基本生产成本明细账。

（2）"基本生产成本"明细账内设"直接材料""直接人工""制造费用"三个成本项目。

（3）辅助生产费用的核算：辅助生产车间-修理车间发生的费用采用直接分配法分配。

（4）生产费用在完工产品与广义在产品之间分配采用约当产量法。镜架车间原材料一次性投入，镜片车间原材料系逐步投入，各生产车间的在产品完工程度均为50%。

"平光变色镜"生产工艺及成本计算流程如图11-2所示。

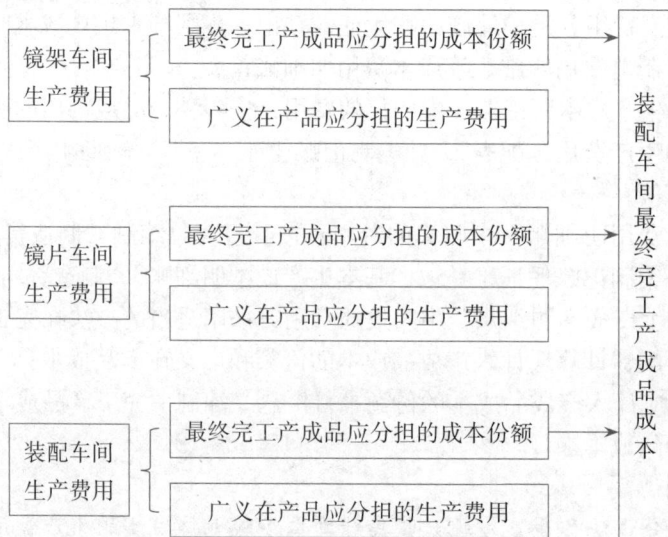

图11-2 平行结转分步法生产工艺及成本计算流程图

（二）期初在产品成本资料

期初在产品成本资料见表11-1。

表11-1　　　　　　　　　　　　　　　月初在产品成本

2022年7月31日　　　　　　　　　　　　　　　　　　　单位：元

项目	直接材料	直接人工	制造费用	合计
镜架车间	75 000	10 000	10 000	95 000
镜片车间	30 000	9 000	10 500	49 500
装配车间		1 500	1 500	3 000

（三）本月生产月报统计

本月各车间产品投入及完工情况见表11-2。

表11-2　　　　　　　　　　　　　　产品产量统计表

2022年7月31日　　　　　　　　　　　　　　　　　　单位：副

项　目	镜架车间	镜片车间	装配车间
月初在产品	2 000	1 000	1 000
本月投产	6 000	5 600	5 000
本月完工转出	5 000	5 000	4 000
月末在产品	3 000	1 600	2 000

任务一　要素费用的归集与分配

一、实训目标

1.掌握材料费用归集与分配的核算

2.掌握职工薪酬费用归集与分配的核算

3.掌握折旧费用归集与分配的核算

4.掌握其他费用归集与分配的核算

二、实训内容与要求

1.能根据相关费用发生的原始凭证正确、熟练地编制材料费用分配表、薪酬费用分配表、折旧及其他费用分配表等原始凭证

2.能根据上述费用分配表或费用发生凭证正确、熟练地编制记账凭证

3.能根据所编制的记账凭证规范、熟练地登记基本生产成本、辅助生产成本及制造费用明细账

三、实训材料

1.材料费用分配表

2.薪酬费用分配表

3.折旧及其他费用分配表

4.通用记账凭证

5.基本生产成本明细账、辅助生产成本明细账、制造费用明细账

四、实训步骤

第一步，取得并审核各要素费用发生的原始凭证，并据以编制各要素费用分配表。

（1）根据领料单等原始凭证编制材料费用分配表（见表11-3）。

表11-3　　　　　　　　　　　　　　材料费用分配表

2022年7月31日　　　　　　　　　　　　　　　　　　　　单位：元

应借科目		丙烯树脂	光学玻璃	其他材料	合计
基本生产成本	镜架车间	159 000			159 000
	镜片车间		89 000		89 000
	装配车间				
辅助生产成本	修理车间			900	900
制造费用	镜架车间			350	350
	镜片车间			1 300	1 300
	装配车间			800	800
管理费用				1 250	1 250
合　计		159 000	89 000	4 600	252 600

（2）根据工资结算汇总表等原始凭证编制职工薪酬费用分配表（见表11-4）。

表11-4　　　　　　　　　　　　　　职工薪酬费用分配表

2022年7月31日　　　　　　　　　　　　　　　　　　　　单位：元

应借科目		基础薪酬	津贴	奖金	合计
基本生产成本	镜架车间	18 750	5 000	7 500	31 250
	镜片车间	20 100	5 360	8 040	33 500
	装配车间	8 400	2 240	3 360	14 000
辅助生产成本	修理车间	6 000	1 600	2 400	10 000
制造费用	镜架车间	8 280	2 208	3 312	13 800

续表

应借科目		基础薪酬	津贴	奖金	合计
制造费用	镜片车间	9 000	2 400	3 600	15 000
	装配车间	6 000	1 600	2 400	10 000
销售费用		9 600	2 560	3 840	16 000
管理费用		16 800	4 480	6 720	28 000
合　计		102 930	27 448	41 172	171 550

（3）根据固定资产明细账、固定资产折旧计算表等资料编制固定资产折旧计提表
（见表11-5）。

表11-5　　　　　　　　　　固定资产折旧计提表

2022年7月31日　　　　　　　　　　　　单位：元

部　门	折旧金额
镜架车间	1 550
镜片车间	6 300
装配车间	600
修理车间	650
销售部门	1 600
管理部门	3 750
合　计	14 450

（4）根据水费、电费发票及水电费耗用明细表编制水电费分配明细表（见
表11-6）。

表11-6　　　　　　　　　　水电费分配明细表

2022年7月31日　　　　　　　　　　　　单位：元

耗用部门		用电	用水	合计
基本生产车间	镜架车间	4 500	350	4 850
	镜片车间	5 500	400	5 900
	装配车间	950	100	1 050
辅助生产车间	修理车间	1 100	450	1 550
销售部门		2 250	650	2 900
管理部门		2 500	750	3 250
合　计		16 800	2 700	19 500

（5）根据办公费及其他费用原始凭证编制其他费用分配明细表（见表11-7）。

表11-7   其他费用分配明细表

2022年7月31日   单位：元

耗用部门		成本或费用项目	金额
基本生产车间	镜架车间	办公费	250
		其他	750
		小计	1 000
	镜片车间	办公费	350
		其他	—
		小计	350
	装配车间	办公费	100
		其他	250
		小计	350
辅助生产车间	修理车间	办公费	100
		其他	300
		小计	400
销售部门		办公费	600
		其他	1 000
		小计	1 600
管理部门		办公费	1 600
		其他	500
		小计	2 100

第二步，根据审核无误的各要素费用分配表编制记账凭证。

根据审核无误的各要素费用分配表（见表11-3至表11-7）及其他原始凭证编制记账凭证（见表11-8至表11-12）。

表11-8

记 账 凭 证

2022 年 7 月 31 日　　　　　　　　　　　　　记字第 81 号

摘　要	总账科目	明细科目	亿	千	百	十	万	千	百	十	元	角	分	亿	千	百	十	万	千	百	十	元	角	分	√
			\<借方金额\>											\<贷方金额\>											
分配材料费用	基本生产成本	镜架车间				1	5	9	0	0	0	0	0												
		镜片车间					8	9	0	0	0	0	0												
	辅助生产成本	修理车间							9	0	0	0	0												
	制造费用	镜架车间							3	5	0	0	0												
		镜片车间						1	3	0	0	0	0												
		装配车间							8	0	0	0	0												
	管理费用							1	2	5	0	0	0												
	原材料	丙烯树脂															1	5	9	0	0	0	0	0	
		光学玻璃																8	9	0	0	0	0	0	
		其他材料																	4	6	0	0	0	0	
合　计				¥		2	5	2	6	0	0	0	0		¥		2	5	2	6	0	0	0	0	

会计主管：李　明　　记账：王大力　　出纳：　　　　复核：吴亦明　　制单：王大力

附件 11 张

表11-9

记 账 凭 证

2022 年 7 月 31 日　　　　　　　　　　　　　记字第 82 号

摘　要	总账科目	明细科目	亿	千	百	十	万	千	百	十	元	角	分	亿	千	百	十	万	千	百	十	元	角	分	√
			\<借方金额\>											\<贷方金额\>											
分配职工薪酬费用	基本生产成本	镜架车间					3	1	2	5	0	0	0												
		镜片车间					3	3	5	0	0	0	0												
		装配车间					1	4	0	0	0	0	0												
	辅助生产成本	修理车间					1	0	0	0	0	0	0												
	制造费用	镜架车间						1	3	8	0	0	0												
		镜片车间						1	5	0	0	0	0												
		装配车间						1	0	0	0	0	0												
	销售费用	职工薪酬						1	6	0	0	0	0												
	管理费用	职工薪酬						2	8	0	0	0	0												
	应付职工薪酬	工资															1	7	1	5	5	0	0	0	
合　计				¥	1	7	1	5	5	0	0	0			¥	1	7	1	5	5	0	0	0	

会计主管：李　明　　记账：王大力　　出纳：　　　　复核：吴亦明　　制单：王大力

附件 1 张

表11- 10

记 账 凭 证

2022 年 7 月 31 日　　　　　　　　　　　　　记字第 _83_ 号

摘　要	科　目		借方金额											贷方金额											√
	总账科目	明细科目	亿	千	百	十	万	千	百	十	元	角	分	亿	千	百	十	万	千	百	十	元	角	分	
计提本月固定资产	辅助生产成本	修理车间（折旧费）						6	5	0	0	0	0												
折旧费	制造费用	镜架车间（折旧费）					1	5	5	0	0	0	0												
		镜片车间（折旧费）						6	3	0	0	0	0												
		装配车间（折旧费）						6	0	0	0	0	0												
	销售费用	折旧费					1	6	0	0	0	0	0												
	管理费用	折旧费					3	7	5	0	0	0	0												
		累计折旧														1	4	4	5	0	0	0	0		
合　　计					¥	1	4	4	5	0	0	0	0			¥	1	4	4	5	0	0	0	0	

会计主管：李　明　　记账：王大力　　出纳：　　　　　　复核：吴亦明　　制单：王大力

附件 1 张

表11-11

记 账 凭 证

2022 年 7 月 31 日　　　　　　　　　　　　　记字第 _84_ 号

摘　要	科　目		借方金额											贷方金额											√
	总账科目	明细科目	亿	千	百	十	万	千	百	十	元	角	分	亿	千	百	十	万	千	百	十	元	角	分	
分配本月水电费	辅助生产成本	修理车间（水电费）					1	5	5	0	0	0	0												
	制造费用	镜架车间（水电费）					4	8	5	0	0	0	0												
		镜片车间（水电费）					5	9	0	0	0	0	0												
		装配车间（水电费）					1	0	5	0	0	0	0												
	销售费用	水电费					2	9	0	0	0	0	0												
	管理费用	水电费					3	2	5	0	0	0	0												
	应付账款	电力公司														1	6	8	0	0	0	0	0		
		自来水公司															2	7	0	0	0	0	0		
合　　计					¥	1	9	5	0	0	0	0	0		¥	1	9	5	0	0	0	0	0		

会计主管：李　明　　记账：王大力　　出纳：　　　　　　复核：吴亦明　　制单：王大力

附件 1 张

表11-12　　　　　　　　　　　记 账 凭 证

2022 年 7 月 31 日　　　　　　　　　　　记字第 85 号

| 摘　要 | 科　目 | | 借方金额 | 贷方金额 | √ |
	总账科目	明细科目	亿 千 百 十 万 千 百 十 元 角 分	亿 千 百 十 万 千 百 十 元 角 分	
分配其他费用	辅助生产成本	修理车间	4 0 0 0 0		附件 1 张
		制造费用	镜架车间	1 0 0 0 0 0		
		镜片车间	3 5 0 0 0		
		装配车间	3 5 0 0 0		
		销售费用	1 6 0 0 0		
		管理费用	2 1 0 0 0		
		银行存款		5 8 0 0 0 0	
合　计			￥5 8 0 0 0 0	￥5 8 0 0 0 0	

会计主管：李　明　　记账：王大力　　出纳：　　　　　复核：吴亦明　　制单：王大力

第三步，登记成本、费用明细账。

根据上述审核无误的记账凭证，登记基本生产成本明细账、辅助生产成本明细账及制造费用明细账，见表11-13至表11-19。

表11-13　　　　　　　　　　基本生产成本明细账

车间名称：镜架车间

| 2022年 | | 凭证号数 | 摘　要 | 直接材料 | 直接人工 | 制造费用 | 合计 |
月	日						
7	1		月初余额	75 000	10 000	10 000	95 000
	31	记81#	分配材料费用	159 000			159 000
	31	记82#	分配职工薪酬费用		31 250		31 250

表11-14　　　　　　　　　　基本生产成本明细账

车间名称：镜片车间

| 2022年 | | 凭证号数 | 摘　要 | 直接材料 | 直接人工 | 制造费用 | 合计 |
月	日						
7	1		月初余额	30 000	9 000	10 500	49 500
	31	记81#	分配材料费用	89 000			89 000
	31	记82#	分配职工薪酬费用		33 500		33 500

表11-15　　　　　　　　　　　　基本生产成本明细账

车间名称：装配车间

2022年		凭证号数	摘　要	直接材料	直接人工	制造费用	合　计
月	日						
7	1		月初余额		1 500	1 500	3 000
	31	记82#	分配职工薪酬费用		14 000		14 000

表11-16　　　　　　　　　　　　辅助生产成本明细账

车间名称：修理车间

2022年		凭证号数	摘要	机物料消耗	职工薪酬	折旧费	办公费	水电费	其他	合计
月	日									
7	31	记81#	分配材料费用	900						900
	31	记82#	分配职工薪酬费用		10 000					10 000
	31	记83#	计提折旧费用			650				650
	31	记84#	分配水电费					1 550		1 550
	31	记85#	分配其他费用				100		300	400

表11-17　　　　　　　　　　　　制造费用明细账

车间名称：镜架车间

2022年		凭证号数	摘要	机物料消耗	职工薪酬	折旧费	办公费	水电费	其他	合计
月	日									
7	31	记81#	分配材料费用	350						350
	31	记82#	分配职工薪酬费用		13 800					13 800
	31	记83#	计提折旧费用			1 550				1 550
	31	记84#	分配水电费					4 850		4 850
	31	记85#	分配其他费用				250		750	1 000

表11-18　　　　　　　　　　　　　制造费用明细账

车间名称：镜片车间

2022年		凭证号数	摘要	机物料消耗	职工薪酬	折旧费	办公费	水电费	其他	合计
月	日									
7	31	记81#	分配材料费用	1 300						1 300
	31	记82#	分配职工薪酬费用		15 000					15 000
	31	记83#	计提折旧费用			6 300				6 300
	31	记84#	分配水电费					5 900		5 900
	31	记85#	分配其他费用				350			350

表11-19　　　　　　　　　　　　　制造费用明细账

车间名称：装配车间

2022年		凭证号数	摘要	机物料消耗	职工薪酬	折旧费	办公费	水电费	其他	合计
月	日									
7	31	记81#	分配材料费用	800						800
	31	记82#	分配职工薪酬费用		10 000					10 000
	31	记83#	计提折旧费用			600				600
	31	记84#	分配水电费					1 050		1 050
	31	记85#	分配其他费用				100		250	350

任务二　辅助生产费用的归集与分配

一、实训目标

1.掌握辅助生产费用的归集方法

2.掌握辅助生产费用的分配方法

二、实训内容与要求

1.能根据辅助生产成本明细账记录正确归集本期辅助生产费用发生额

2.能正确填制辅助生产费用分配表

3.能根据辅助生产费用分配表正确、熟练地编制记账凭证

4.能根据所编制的记账凭证规范、熟练地登记基本生产成本、辅助生产成本及制造费用明细账

三、实训材料

1. 辅助生产车间劳务供应的汇总计算表单
2. 通用记账凭证
3. 辅助生产成本明细账、制造费用明细账

四、实训步骤

第一步，月末归集修理车间辅助生产费用。

根据辅助生产成本明细账（见表11-16），归集本月修理车间辅助生产费用的发生额，见表11-20中本月合计行合计数。

表11-20   辅助生产成本明细账

车间名称：修理车间

| 2022年 | | 凭证号数 | 摘要 | 机物料消耗 | 职工薪酬 | 折旧费 | 办公费 | 水电费 | 其他 | 合计 |
月	日									
7	31	记81#	分配材料费用	900						900
	31	记82#	分配职工薪酬费用		10 000					10 000
	31	记83#	计提折旧费用			650				650
	31	记84#	分配水电费					1 550		1 550
	31	记85#	分配其他费用				100		300	400
	31	本月合计		900	10 000	650	100	1 550	300	13 500

第二步，月末分配修理车间辅助生产费用。

根据表11-20 "辅助生产成本明细账"归集的辅助生产费用发生额，按照表11-21辅助生产车间劳务供应量汇总表，编制辅助生产费用分配表。

表11-21   辅助生产车间劳务供应量汇总表

2022年7月31日

受益部门	修理车间（小时）
镜架车间	147.5
镜片车间	242.5
装配车间	60
管理部门	137.5
销售部门	87.5
合 计	675

在 Excel 工作表中设计"辅助生产费用分配表"计算模板，根据辅助生产成本明细账结计的本月费用发生额和劳务供应量汇总表录入待分配费用及各受益单位受益数量等数据，根据直接分配法原理定义费用分配率、分配金额等计算公式。公式定义完毕后，自动显示结果（见表11-22）。

表11-22　　　　　　　　　　　　辅助生产费用分配表

车间名称：修理车间　　　　　　　　　　　2022年7月　　　　　　　　　　金额单位：元

项　目			修理车间费用
待分配费用			13 500
劳务数量（小时）			675
费用分配率（单位成本）			20
应借科目			
制造费用	镜架车间	耗用数量	147.5
		分配金额	2 950
	镜片车间	耗用数量	242.5
		分配金额	4 850
	组装车间	耗用数量	60
		分配金额	1 200
销售费用	修理费	耗用数量	87.5
		分配金额	1 750
管理费用	修理费	耗用数量	137.5
		分配金额	2 750
合　计			13 500

主要单元格计算公式说明：

D6=D4/D5　　　　　　D9=D8*D6

D11=D10*D6　　　　　D13=D12*D6

D15=D14*D6　　　　　D17=D4-D9-D11-D13-D15

D18=D9+D11+D13+D15+D17

第三步，编制记账凭证。

根据审核无误的辅助生产费用分配表编制记账凭证（见表11-23）。

表11-23

记 账 凭 证

2022 年 7 月 31 日　　　　　　　　记字第 _86_ 号

摘　要	科　目		借方金额										贷方金额										√
	总账科目	明细科目	亿	千	百	十	万	千	百	十	元	角	分	亿	千	百	十	万	千	百	十	元	角	分
分配辅助生产	制造费用	镜架车间						2	9	5	0	0	0											
费用		镜片车间						4	8	5	0	0	0											
		装配车间						1	2	0	0	0	0											
	销售费用	修理费						1	7	5	0	0	0											
	管理费用	修理费						2	7	5	0	0	0											
	辅助生产成本	修理车间																1	3	5	0	0	0	0
合　计							¥	1	3	5	0	0	0					¥	1	3	5	0	0	0

会计主管: 李　明　　记账: 王大力　　出纳:　　　　　复核: 吴亦明　　制单: 王大力

附件 1 张

第四步, 登记有关成本费用明细账。

根据上述审核无误的记账凭证, 登记辅助生产成本明细账及制造费用明细账 (见表11-24 至表11-27)。

表11-24　　　　　　　　辅助生产成本明细账

车间名称: 修理车间

2022年		凭证号数	摘要	机物料消耗	职工薪酬	折旧费	办公费	水电费	其他	合计
月	日									
7	31	记81#	分配材料费用	900						900
	31	记82#	分配职工薪酬费用		10 000					10 000
	31	记83#	计提折旧费用			650				650
	31	记84#	分配水电费					1 550		1 550
	31	记85#	分配其他费用				100		300	400
	31		本月合计	900	10 000	650	100	1 550	300	13 500
	31	记86#	分配辅助生产费用	900	10 000	650	100	1 550	300	13 500

表11-25　　　　　　　　　　　　制造费用明细账
车间名称：镜架车间

2022年		凭证号数	摘要	机物料消耗	职工薪酬	折旧费	办公费	水电费	其他	合计
月	日									
7	31	记81#	分配材料费用	350						350
	31	记82#	分配职工薪酬费用		13 800					13 800
	31	记83#	计提折旧费用			1 550				1 550
	31	记84#	分配水电费					4 850		4 850
	31	记85#	分配其他费用				250		750	1 000
	31	记86#	分配辅助生产费用						2 950	2 950

表11-26　　　　　　　　　　　　制造费用明细账
车间名称：镜片车间

2022年		凭证号数	摘要	机物料消耗	职工薪酬	折旧费	办公费	水电费	其他	合计
月	日									
7	31	记81#	分配材料费用	1 300						1 300
	31	记82#	分配职工薪酬费用		15 000					15 000
	31	记83#	计提折旧费用			6 300				6 300
	31	记84#	分配水电费					5 900		5 900
	31	记85#	分配其他费用				350			350
	31	记86#	分配辅助生产费用						4 850	4 850

表11-27　　　　　　　　　　　　制造费用明细账
车间名称：装配车间

2022年		凭证号数	摘要	机物料消耗	职工薪酬	折旧费	办公费	水电费	其他	合计
月	日									
7	31	记81#	分配材料费用	800						800
	31	记82#	分配职工薪酬费用		10 000					10 000
	31	记83#	计提折旧费用			600				600
	31	记84#	分配水电费					1 050		1 050
	31	记85#	分配其他费用				100		250	350
	31	记86#	分配辅助生产费用						1 200	1 200

任务三　制造费用的归集与分配

一、实训目标

1.掌握制造费用的归集方法
2.掌握制造费用的分配方法

二、实训内容与要求

1.能根据制造费用明细账记录正确归集本期制造费用发生额
2.能正确填制制造费用分配表
3.能根据制造费用分配表正确、熟练地编制记账凭证
4.能根据所编制的记账凭证规范、熟练地登记基本生产成本明细账、制造费用明细账

三、实训材料

1.基本生产车间间接费用的分配结算表单
2.通用记账凭证
3.基本生产成本明细账、制造费用明细账

四、实训步骤

第一步，归集制造费用。

月末，根据制造费用明细账，归集本月制造费用的发生额，见表11-28、表11-29和表11-30中"本月合计"行合计数。

表11-28　　　　　　　　　制造费用明细账

车间名称：镜架车间

2022年		凭证号数	摘要	机物料消耗	职工薪酬	折旧费	办公费	水电费	其他	合计
月	日									
7	31	记81#	分配材料费用	350						350
	31	记82#	分配职工薪酬费用		13 800					13 800
	31	记83#	计提折旧费用			1 550				1 550
	31	记84#	分配水电费					4 850		4 850
	31	记85#	分配其他费用				250		750	1 000
	31	记86#	分配辅助生产费用						2 950	2 950
	31		本月合计	350	13 800	1 550	250	4 850	3 700	24 500
	31	记87#	分配制造费用	350	13 800	1 550	250	4 850	3 700	24 500

表11-29　　　　　　　　　　　　　　制造费用明细账
车间名称：镜片车间

| 2022年 | | 凭证号数 | 摘要 | 机物料消耗 | 职工薪酬 | 折旧费 | 办公费 | 水电费 | 其他 | 合计 |
月	日									
7	31	记81#	分配材料费用	1 300						1 300
	31	记82#	分配职工薪酬费用		15 000					15 000
	31	记83#	计提折旧费用			6 300				6 300
	31	记84#	分配水电费					5 900		5 900
	31	记85#	分配其他费用				350			350
	31	记86#	分配辅助生产费用						4 850	4 850
	31		本月合计	1 300	15 000	6 300	350	5 900	4 850	33 700
	31	记87#	分配制造费用	1 300	15 000	6 300	350	5 900	4 850	33 700

表11-30　　　　　　　　　　　　　　制造费用明细账
车间名称：装配车间

| 2022年 | | 凭证号数 | 摘要 | 机物料消耗 | 职工薪酬 | 折旧费 | 办公费 | 水电费 | 其他 | 合计 |
月	日									
7	31	记81#	分配材料费用	800						800
	31	记82#	分配职工薪酬费用		10 000					10 000
	31	记83#	计提折旧费用			600				600
	31	记84#	分配水电费					1 050		1 050
	31	记85#	分配其他费用				100		250	350
	31	记86#	分配辅助生产费用						1 200	1 200
	31		本月合计	800	10 000	600	100	1 050	1 450	14 000
	31	记87#	分配制造费用	800	10 000	600	100	1 050	1 450	14 000

第二步，月末分配制造费用。

根据制造费用明细账归集的本期制造费用发生额，编制制造费用分配表。计算过程见表11-31。本案例各车间发生的制造费用，可以直接计入各车间生产成本，不需要进行分配。

表11-31   制造费用分配表

2022年7月   金额单位：元

车间	生产工时（小时）	分配率	分配金额
镜架车间	670	100%	24 500
镜片车间	770	100%	33 700
装配车间	310	100%	14 000
合计	—	—	72 200

第三步，编制记账凭证。

根据审核无误的制造费用分配表，编制记账凭证（见表11-32）。

表11-32   记 账 凭 证

2022 年 7 月 31 日   记字第_87_号

摘 要	科 目		借方金额	贷方金额	√
	总账科目	明细科目	亿 千 百 十 万 千 百 十 元 角 分	亿 千 百 十 万 千 百 十 元 角 分	
分配制造费用	基本生产成本	镜架车间	2 4 5 0 0 0 0		
		镜片车间	3 3 7 0 0 0 0		
		装配车间	1 4 0 0 0 0 0		
	制造费用	镜架车间		2 4 5 0 0 0 0	
		镜片车间		3 3 7 0 0 0 0	
		装配车间		1 4 0 0 0 0 0	
合 计			¥ 7 2 2 0 0 0 0	¥ 7 2 2 0 0 0 0	

附件1张

会计主管：李 明   记账：王大力   出纳：   复核：吴亦明   制单：王大力

第四步，登记有关成本费用明细账。

上述记账凭证经审核无误后，据以登记基本生产成本明细账及制造费用明细账（见表11-28、表11-29、表11-30、表11-33、表11-34和表11-35）。

表11-33   基本生产成本明细账

车间名称：镜架车间

2022年		凭证号数	摘要	直接材料	直接人工	制造费用	合计
月	日						
7	1		月初余额	75 000	10 000	10 000	95 000
	31	记81#	分配材料费用	159 000			159 000
	31	记82#	分配职工薪酬费用		31 250		31 250
	31	记87#	分配制造费用			24 500	24 500
	31		本月合计	234 000	41 250	34 500	309 750

表11-34 基本生产成本明细账

车间名称：镜片车间

2022年		凭证号数	摘要	直接材料	直接人工	制造费用	合计
月	日						
7	1		月初余额	30 000	9 000	10 500	49 500
	31	记81#	分配材料费用	89 000			89 000
	31	记82#	分配职工薪酬费用		33 500		33 500
	31	记87#	分配制造费用			33 700	33 700
	31		本月合计	119 000	42 500	44 200	205 700

表11-35 基本生产成本明细账

车间名称：装配车间

2022年		凭证号数	摘要	直接材料	直接人工	制造费用	合计
月	日						
7	1		月初余额		1 500	1 500	3 000
	31	记82#	分配职工薪酬费用		14 000		14 000
	31	记87#	分配制造费用			14 000	14 000
	31		本月合计		15 500	15 500	31 000

任务四　计算并结转完工产品成本

一、实训目标

1.掌握平行结转分步法的核算程序

2.能运用平行结转分步法计算完工产品与在产品成本

二、实训内容与要求

1.能正确计算完工产品与月末在产品的成本，正确填制产品成本计算单

2.能正确填制完工产品成本汇总表

3.能根据产品成本计算单、完工产品成本汇总表、产品入库单等原始凭证正确、熟练地编制记账凭证

4.能根据记账凭证规范、熟练地登记基本生产成本明细账

三、实训材料

1.基本生产成本明细账
2.通用记账凭证
3.产品成本计算单、产品成本汇总表

四、实训步骤

第一步，月末归集基本生产车间的生产费用。

月末，根据基本生产成本明细账，归集3个基本生产车间的生产费用发生额，见表11-33、表11-34和表11-35中"本月合计"栏的数据。

第二步，填制产品成本计算单，计算各步骤应计入完工产品成本的份额。

在Excel工作表中设计"产品成本计算单"计算模板，根据基本生产成本明细账录入"月初在产品成本""本月生产费用"数据；根据产品产量资料（见表11-2）及在产品完工程度确定并录入完工产品数量、月末在产品约当产量。定义费用分配率、完工产品与月末在产品分配金额等的计算公式。公式定义完毕后，自动显示结果（见表11-36至表11-38）。

表11-36　　　　　　　　　　产品成本计算单

车间名称：镜架车间　　　　　　　　2022年7月31日　　　　　　　　金额单位：元

项　目	直接材料	直接人工	制造费用	合计
月初在产品成本	75 000	10 000	10 000	95 000
本月发生费用	159 000	31 250	24 500	214 750
生产费用合计	234 000	41 250	34 500	309 750
完工产品产量	4 000	4 000	4 000	—
广义在产品约当产量	5 000	3 500	3 500	—
约当产量合计	9 000	7 500	7 500	—
费用分配率	26	5.5	4.6	36.1
应计入产成品成本的份额	104 000	22 000	18 400	144 400
月末在产品成本	130 000	19 250	16 100	165 350

主要单元格计算公式说明：

B6=SUM（B4：B5）　　　　　　C6-E6：单击B6单元格，向右自动填充

B8=1 000+1 000+3 000　　　　　C8=1 000+1 000+3 000/2　　　　D8=1 000+1 000+3 000/2

B9=SUM（B7：B8）　　　　　　C9-D9：单击B9单元格，向右自动填充

B10=B6/B9　　　　　　　　　　C10-D10：单击B10单元格，向右自动填充

B11=B7*B10　　　　　　　　　C11=C7*C10　　　　　　　　D11=D7*D10

B12=B6-B11　　　　　　　　　C12-E12：单击B12单元格，向右自动填充

E10=SUM（B10：D10）　　　　　E11-E12：单击E10单元格，向下自动填充

表11-37 　　　　　　　　　　　　　　产品成本计算单

车间名称：镜片车间　　　　　　　　　2022年7月31日　　　　　　　金额单位：元

项　目	直接材料	直接人工	制造费用	合　计
月初在产品成本	30 000	9 000	10 500	49 500
本月发生费用	89 000	33 500	33 700	156 200
生产费用合计	119 000	42 500	44 200	205 700
完工产品产量	4 000	4 000	4 000	—
广义在产品约当产量	2 800	2 800	2 800	—
约当产量合计	6 800	6 800	6 800	—
费用分配率	17.5	6.25	6.5	30.25
应计入产成品成本的份额	70 000	25 000	26 000	121 000
月末在产品成本	49 000	17 500	18 200	84 700

主要单元格计算公式说明：

B6=SUM（B4：B5）	C6-E6：单击B6单元格，向右自动填充
B8：D8=1 000+1 000+1 600/2	
B9=SUM（B7+B8）	C9-D9：单击B9单元格，向右自动填充
B10=B6/B9	C10-D10：单击B10单元格，向右自动填充
B11=B7*B10	C11=C7*C10　　　　　　D11=D7*D10
B12=B6-B11	C12-E12：单击B12单元格，向右自动填充
E10=SUM（B10：D10）	E11-E12：单击E10单元格，向下自动填充

表11-38 　　　　　　　　　　　　　　产品成本计算单

车间名称：装配车间　　　　　　　　　2022年7月31日　　　　　　　金额单位：元

项目	直接材料	直接人工	制造费用	合计
月初在产品成本		1 500	1 500	3 000
本月发生费用		14 000	14 000	28 000
生产费用合计		15 500	15 500	31 000
完工产品产量		4 000	4 000	—
广义在产品约当产量		1 000	1 000	—
约当产量合计		5 000	5 000	—
费用分配率		3.1	3.1	6.2
应计入产成品成本份额		12 400	12 400	24 800
月末在产品成本		3 100	3 100	6 200

主要单元格计算公式说明：

C6=SUM（C4：C5）	D6-E6：单击C6单元格，向右自动填充
C8：D8=2 000/2	
C9=SUM（C7+C8）	D9：单击C9单元格，向右自动填充
C10=C6/C9	D10：单击C10单元格，向右自动填充
C11=C7*C10	D11=D7*D10
C12=C6-C11	D12：单击C12单元格，向右自动填充。
E10=SUM（B10：D10）	E11-E12：单击E10单元格，向下自动填充

第三步，填制完工产品成本汇总表及产品入库单，结转完工产品成本。

根据审核无误的产品成本计算单填制产品成本汇总表、产品入库单（见表11-39和表11-40），并据以编制结转完工产品成本的记账凭证（见表11-41）。

表11-39 产品成本汇总表

2022年7月31日 单位：元

项 目	镜架车间成本份额	镜片车间成本份额	装配车间成本份额	总成本	单位成本
直接材料	104 000	70 000		174 000	43.50
直接人工	22 000	25 000	12 400	59 400	14.85
制造费用	18 400	26 000	12 400	56 800	14.20
合 计	144 400	121 000	24 800	290 200	72.55

表11-40 产品入库单

仓库：产成品仓库　　　　　　　2022 年 7 月 31 日　　　　　　　NO.358197

种类	产品名称	规格	单位	数量	单位成本	千	百	十	万	千	百	十	元	角	分
	平光变色镜	XXX	副	4 000	72.55			2	9	0	2	0	0	0	0
备 注				合 计		¥		2	9	0	2	0	0	0	0

验收：李杨勇　　　　　　　　　　　　　　　　填单：王温明

表11-41 记 账 凭 证

2022 年 7 月 31 日　　　　　　　记字第 88 号

摘 要	科 目		借方金额											贷方金额											√
	总账科目	明细科目	亿	千	百	十	万	千	百	十	元	角	分	亿	千	百	十	万	千	百	十	元	角	分	
结转完工产品成本	库存商品	平光变色镜			2	9	0	2	0	0	0	0													
	基本生产成本	镜架车间														1	4	4	4	0	0	0	0	
		镜片车间														1	2	1	0	0	0	0	0	
		装配车间															2	4	8	0	0	0	0	
合 计				¥	2	9	0	2	0	0	0	0			¥	2	9	0	2	0	0	0	0	

会计主管：李 明　　记账：王大力　　出纳：　　　　复核：吴亦明　　制单：王大力

第四步,登记有关成本费用明细账。

上述记账凭证经审核无误后,据以登记基本生产成本明细账(见表11-42至表11-44)。

表11-42 基本生产成本明细账

车间名称:镜架车间

| 2022年 | | 凭证号数 | 摘要 | 直接材料 | 直接人工 | 制造费用 | 合计 |
月	日						
7	1		月初余额	75 000	10 000	10 000	95 000
	31	记81#	分配材料费用	159 000			159 000
	31	记82#	分配职工薪酬费用		31 250		31 250
	31	记87#	分配制造费用			24 500	24 500
	31		本月合计	234 000	41 250	34 500	309 750
	31	记88#	结转完工产品成本	104 000	22 000	18 400	144 400
	31		月末在产品成本	130 000	19 250	16 100	165 350

表11-43 基本生产成本明细账

车间名称:镜片车间

| 2022年 | | 凭证号数 | 摘要 | 直接材料 | 直接人工 | 制造费用 | 合计 |
月	日						
7	1		月初余额	30 000	9 000	10 500	49 500
	31	记81#	分配材料费用	89 000			89 000
	31	记82#	分配职工薪酬费用		33 500		33 500
	31	记87#	分配制造费用			33 700	33 700
	31		本月合计	119 000	42 500	44 200	205 700
	31	记88#	结转完工产品成本	70 000	25 000	26 000	121 000
	31		月末在产品成本	49 000	17 500	18 200	84 700

表11-44 基本生产成本明细账

车间名称:装配车间

| 2022年 | | 凭证号数 | 摘要 | 直接材料 | 直接人工 | 制造费用 | 合计 |
月	日						
7	1		月初余额		1 500	1 500	3 000
	31	记82#	分配职工薪酬费用		14 000		14 000
	31	记87#	分配制造费用			14 000	14 000
	31		本月合计		15 500	15 500	31 000
	31	记88#	结转完工产品成本		12 400	12 400	24 800
	31		月末在产品成本		3 100	3 100	6 200

参考文献

［1］顾全根，刘洪海．成本会计全真实训［M］．2版．北京：清华大学出版社，2016.

［2］于海琳，陈强，沈洁．成本计算与管理全真实训［M］．北京：清华大学出版社，2013.

［3］赵燕．成本会计全真实训［M］．北京：中国人民大学出版社，2020.

［4］范继云．成本会计核算与实务一本通［M］．北京：中国铁道出版社，2021.

［5］包燕萍．成本会计实训教程［M］．重庆：重庆大学出版社，2018.